京族是我国人口较少的少数民族之一，现有人口2.82万（2010年），世代以捕鱼为生。至少在20世纪50年代以前，京族社会大致上处于半自然经济状态之中，经济发展缓慢，社会组织简单，宗教信仰"原始"，物质生活简朴。

走近中国少数民族丛书
主编/丹珠昂奔

京 族
Jingzu

吕俊彪 著

辽宁民族出版社

ⓒ 吕俊彪　2014

图书在版编目（CIP）数据

京族 / 吕俊彪著. —沈阳：辽宁民族出版社，2014.12
（2020.5重印）

（走近中国少数民族丛书 / 丹珠昂奔主编）

ISBN 978-7-5497-0960-1

Ⅰ.①京… Ⅱ.①吕… Ⅲ.①京族—民族历史—中国 ②京族—民族文化—中国 Ⅳ.①K288.2

中国版本图书馆CIP数据核字（2014）第310764号

走近中国少数民族丛书·京族
ZOUJIN ZHONGGUO SHAOSHU MINZU CONGSHU·JINGZU

丛书策划 / 李凤山

出版发行者：	辽宁民族出版社
地　　　　址：	沈阳市和平区十一纬路25号　邮编：110003
印　刷　者：	晟德（天津）印刷有限公司
幅面尺寸：	170mm×240mm
印　　　张：	11
字　　　数：	160千字
出版时间：	2014年12月第1版
印刷时间：	2020年5月第2次印刷
责任编辑：	李凤山　　吴昕阳
助理编辑：	李　欣
封面设计：	杜　江
责任印制：	杨　雪
责任校对：	边京爱
标准书号：	ISBN 978-7-5497-0960-1
定　　价：	38.00元

网　　址：www.lnmzcbs.com　　邮购热线：024-23284335
淘宝网店：http：// lnmz2013.taobao.com
如有印装质量问题，请与出版社联系调换　　联系电话：024-23284340

《走近中国少数民族丛书》编辑委员会

主　编 / 丹珠昂奔（藏族）

副主编 / 武翠英　张学进　李凤山（蒙古族）

编　委 /（按姓氏音序排列）

巴哈提（哈萨克族）　　白庚胜（纳西族）　　白兰英（蒙古族）

陈　丹（彝族）　　　　杜　江　　　　　　黄如猛（壮族）

金顺玉（朝鲜族）　　　李　璕　　　　　　李　欣（朝鲜族）

李有明（回族）　　　　吕　怡　　　　　　莫福山（藏族）

权春哲（朝鲜族）　　　萨仁图娅（蒙古族）　佟　强（蒙古族）

吴昕阳（满族）　　　　徐　凯　　　　　　殷德俭

张学林（朝鲜族）　　　钟廷雄（壮族）　　　朱　虹（蒙古族）

《走近中国少数民族丛书》作者名录

《蒙古族》 萨仁图娅 (蒙古族)

《回族》 许宪隆 (回族)　张龙 (汉族)

《藏族》 丹珠昂奔 (藏族)

《维吾尔族》 艾克拜尔·吾拉木 (维吾尔族)
　　　　　　 买力克·买买提 (维吾尔族)
　　　　　　 伊利迪尔 (维吾尔族)

《苗族》 石莉芸 (苗族)　李云兵 (苗族)

《彝族》 陈国光 (彝族)

《壮族》 黄佩华 (壮族)

《布依族》 周国炎 (布依族)

《朝鲜族》 黄有福 (朝鲜族)

《满族》 于今 (满族)

《侗族》 杨筑慧 (侗族)

《瑶族》 玉时阶 (壮族)

《白族》 董建中 (白族)

《土家族》 罗中 (土家族)　罗午 (土家族)

《哈尼族》 朱志民 (哈尼族)　李泽然 (哈尼族)

《哈萨克族》 艾克拜尔·米吉提 (哈萨克族)
　　　　　　 伊拉达·拉音别克 (哈萨克族)

《傣族》 赵瑛 (傣族)

《黎族》 罗文雄 (黎族)

《傈僳族》 鲁建彪 (傈僳族)　欧光明 (傈僳族)

《佤族》 郭锐 (佤族)

《畲族》 钟亮 (畲族)

《台湾少数民族》 林华 (台湾少数民族)

《拉祜族》 苏翠薇 (拉祜族)

《水族》 韦学纯 (水族)

《东乡族》 马兆熙 (东乡族)　马自祥 (东乡族)

《纳西族》 白庚胜 (纳西族)　孙淑玲 (汉族)
　　　　　 白羲 (纳西族)

《景颇族》 金黎燕 (景颇族)

《柯尔克孜族》 阿地里·居玛吐尔地 (柯尔克孜族)

《土族》 祁进玉 (土族)　东永学 (土族)

《达斡尔族》 毅松 (达斡尔族)

《仫佬族》 黎学锐 (仫佬族)　黎炼 (仫佬族)

《羌族》 雍继荣 (羌族)　罗吉华 (羌族)
　　　　 周发成 (羌族)

《布朗族》 陶玉明 (布朗族)

《撒拉族》 马成俊 (撒拉族)　马建新 (撒拉族)

《毛南族》 韩德明 (汉族)

《仡佬族》 周小艺 (仡佬族)

《锡伯族》 阿苏 (锡伯族)　盛丰田 (锡伯族)
　　　　　 何荣伟 (锡伯族)

《阿昌族》 们发延 (阿昌族)　张斯齐 (蒙古族)

《普米族》 朱凌飞 (汉族)　杨周明 (普米族)

《塔吉克族》 西仁·库尔班 (塔吉克族)
　　　　　　 阿力木江·西仁 (塔吉克族)

《怒族》 李月英 (傈僳族)　张芮婕 (傈僳族)

《乌孜别克族》 古丽巴努木·克拜吐里 (维吾尔族)

《俄罗斯族》 乃珂热曼·依布拉音 (塔吉克族)

《鄂温克族》 黄任远 (汉族)　那晓波 (鄂温克族)

《德昂族》 袁丽华 (汉族)　王燕 (汉族)

《保安族》 马少青 (保安族)

《裕固族》 董潇红 (裕固族)　王政德 (藏族)

《京族》 吕俊彪 (汉族)

《塔塔尔族》 卡米力·库尔马尤夫 (塔塔尔族)

《独龙族》 李金明 (独龙族)

《鄂伦春族》 王为华 (汉族)

《赫哲族》 黄任远 (汉族)

《门巴族》 陈立明 (汉族)　张媛 (汉族)

《珞巴族》 陈立明 (汉族)　李锦萍 (汉族)

《基诺族》 朱映占 (汉族)

总序

中国是一个统一的多民族国家。几千年来，有着悠久历史和灿烂文化的少数民族，与汉族一道，在中华大地上繁衍生息，共同开发着这块土地，建设、发展、捍卫着这个古老而伟大的国家。各民族都是兄弟，相互离不开，都是这个国家的主人。习近平总书记在第二次中央新疆工作座谈会上发表重要讲话，指出："要坚定不移坚持党的民族政策、坚持民族区域自治制度。民族团结是各族人民的生命线。要高举各民族大团结的旗帜，在各民族中牢固树立国家意识、公民意识、中华民族共同体意识，最大限度团结依靠各族群众，使每个民族、每个公民都为实现中华民族伟大复兴的中国梦贡献力量，共享祖国繁荣发展的成果。各民族要相互了解、相互尊重、相互包容、相互欣赏、相互学习、相互帮助，像石榴籽那样紧紧抱在一起。""要在各族群众中牢固树立正确的祖国观、民族观，弘扬社会主义核心价值体系和社会主义核心价值观，增强各族群众对伟大祖国的认同、对中华民族的认同、对中华文化的认同、对中国特色社会主义道路的认同。"因此，坚持平等、团结、互助、和谐的社会主义民族关系，不断增进了解，深化友谊，建立牢不可破的感情基础，是中国社会转型期、改革攻坚期、矛盾多发期保持社会稳定、发展的基本要求，也是实现中华民族伟大复兴的中国梦的基本要求。

为了进一步宣传我国少数民族的历史文化和民族风情，增强对少数民族的认识，宣传党的民族政策和方针，加深对党的民族政策的理解，加强各民族之间的了解与沟通，让读者了解少数民族，中华人民共和国国家民族事务委员会文化宣传司和辽宁民族出版社共同组织了《走近中国少数民族丛书》。

《走近中国少数民族丛书》的编写有以下三个特点：第一，采用图文并茂的形式、鲜活生动的语言、特色浓郁的图片与丰富的民族常识链接，向读者展示我国55个少数民族的历史渊源、民族变迁、社会生活、文化艺术、风俗习惯、历史人物和民族区域自治政策的伟大实践。第二，作者多为本民族的专家学者和与民族研究工作相关的专家学者，对自己撰述的对象既有深厚的知识积累，也有真挚的情感。第三，内容彰显了历史与现实、民族文化与地域文化、民族区域自治地方与散杂居地区少数民族生产生活的多彩画卷和轨迹，引导读者走近少数民族，聆听他们的古老传说，感受他们的发展变化，加深彼此的沟通和了解。这套《走近中国少数民族丛书》是面向民族干部和各级干部通览我国少数民族概况的普及读本，也是图书馆的必备藏书。

《走近中国少数民族丛书》所揭示的每一个民族的历史，都承载着这个民族的文化，也承载着这个民族的发展和未来。中华大地孕育的55个少数民族多彩斑斓的民族文化，同汉族文化一道从远古走到今天，汇入了中华文化壮阔的历史长河。"共同团结奋斗，共同繁荣发展"，保护、传承和弘扬少数民族优秀文化，不仅是推动我国民族团结进步事业的重要内容，也是构建和谐社会、实现中华民族伟大复兴的中国梦的重要使命。期待通过《走近中国少数民族丛书》，使广大读者徜徉于少数民族多彩风情的同时，更加深刻地了解和认知中华民族多元一体的文化内涵，感受中华民族悠久历史的深远与厚重。

丹珠昂奔

2014年6月26日

前言

京族 北部湾海洋文化的缔造者

在中国海岸线的最西南端,散布着众多景色秀丽的浅海小岛,那是京族人最为重要的栖息之所。千百年来,京族人——这些漂洋过海而来的骆越人的后裔,在这片神奇的土地上繁衍生息、安居乐业,以一种淡然自在的方式经营着自己的生活。秀美山川的温情,惊涛骇浪的狂放,赋予了京族人独特的精神气质,并使之成为别具一格的北部湾海洋文化的主要创造者和传承者。

京族,旧时又称"越族",主要聚居在中越边境线附近的广西壮族自治区东兴市江平镇沿海一带地区,是一个有着鲜明海洋文化特色的少数民族。京族人与东南亚地区的越族人(Vietnamese)虽然称谓有所不同,但因为在历史渊源、语言、传统习俗等方面相似之处颇多,在民间通常被视为同一个民族(族群)。在漫长的历史发展进程中,京族人形成了与其生存环境相适应的生产、生活方式和价值观念,其独特的传统文化表现形式,是中华文明的重要组成部分。

一般认为,京族人的直接祖先——古代骆越人,是春秋战国时期居住在中国长江流域以南的百越族群中的一个支系,为谋生计沿海南下而至北部湾近海地区。我国京族人"最近的"先祖原在越南涂山等地,16世纪以后陆续从越南迁到广西壮族自治区东兴市"京族三岛"及附近地区居住,至今已有500余年的历史。1958年5月,根据当地人的意愿,中国政府正式将其定名为"京族"。

京族是我国人口较少的少数民族之一,现有人口2.82万(2010年),世代以捕鱼为生。至少在20世纪50年代以前,京族社会大致上处于半自然经济状态之中,经济发展缓慢,社会组织简单,宗教信仰"原始",物质生活简朴。这种社会生活状况随着中华人民共和国的成立以及国家和地方政府一系列扶持政策的实施而发生了深刻变化。1978年以后，尤其是20世纪90年代以来，京族地区经济快速增长，而在蓬勃发展的中越边境贸易中享尽天时地利的京族人，更是一跃成为中国"最富裕的少数民族"之一。

京族人有着丰富的传统文化表现形式。"靠海吃海"的生计方式，造型奇特的传统建筑，独树一帜的传统美食，威望极高的"翁村"，生活气息浓厚的"海歌"，音色别致的独弦琴，结构独特的喃字，奇妙的民间信仰和民间传说，场面恢宏的"哈节"，复杂多样的风俗习惯……表达了京族人对于生活世界的特殊理解以及他们对于美好生活的热切期待。

作为一个地处边境的海洋民族，京族人的社会生活不仅带有个性鲜明的海洋特色，更因其特殊的地理位置和历史渊源关系而呈现出边境民族与众不同的文化底蕴。衣食住行上的"海味"，孕育了京族人开放、包容的民族品格，并锤炼了其坚韧、执着的民族精神；而边境地区山水相连的地缘特点以及与兄弟民族情同手足的亲密关系，则形塑了京族人睿智、仁爱的民族禀性。

新中国成立以来，京族人在国家政治、经济、文化生活当中扮演着越来越重要的角色，而其生活方式和传统文化表现形式也得到了各族人民的充分尊重。京族社会生活的深刻变革，或许可以看作是我国少数民族经济与社会发展的一个缩影。走近京族、认识京族，对于理解中华民族多元一体民族格局的真实内涵，对于构建平等、和谐的社会主义民族关系，有着重要的现实意义。

《走近中国少数民族丛书·京族》一书的写作，基于笔者近十年来的田野调查。本书力图以尽可能丰富的田野调查资料和相关文献资料描述京族经济与社会发展的历史进程，系统介绍京族人的生计方式、社会组织形式、风俗习惯、民间信仰、民间艺术的传统表现方式及其在现当代的变迁，以期为广大读者了解京族人的社会生活提供一些现实的参考材料。

进入21世纪以来，随着我国城市化进程的不断加快，京族地区经济发展迅速，当地人的物质生活水平不断提高，社会发展和谐而有序。然而，我们也注意到，由于现代生活方式的渗透，京族传统文化的传承正在面临一场前所未有的挑战和冲击。有鉴于此，笔者希望《走近中国少数民族丛书·京族》这样一个小册子，能够记录当代京族人社会生活的一些片段，为京族文化的传承和发展尽一份绵薄之力。

目录

总序 ··· 001
前言 ··· 003

第一章 "漂洋过海"的京族人 ·· 009
京族人的家园 ·· 010
京岛的"来历" ·· 013
京族人及其"来源" ·· 017
京族人的传统文化 ·· 023

第二章 京族人的生计 ··· 027
大海:在天堂与地狱之间 ·· 028
海的馈赠 ·· 031
"做海"与"养海" ··· 033
渔民的"副业" ·· 039

第三章 "翁"的村落 ·· 045
"翁古"与"翁村" ··· 046
"翁村"制度 ··· 050
"翁村"的"村众" ··· 059
"翁村"的后继者 ··· 065

第四章 渔家人的习俗 ··· 069
"原始社会"的"遗风" ··· 070
渔民们的衣食住行 ·· 072
京族人的传统节日 ·· 082
渔家的婚恋习俗 ··· 088
渔人的归宿 ··· 092

第五章　京族人的神圣世界 097
京族人的护佑之神 098
"圣神"的"居所" 105
神圣与世俗的通达者 110
民间信仰与京族人的社会生活 114

第六章　京族民间文艺 121
唱哈 122
独弦琴 136
喃字 140
民间舞蹈 142
民间故事 147

第七章　大海之子 153
民族英雄 155
京族文化传承人 157
京族文化精英 161
参考文献 167
后记 169

第一章
"漂洋过海"的京族人

京族,在中国古代文献中曾被称为"交趾人""安南人"或者"越族人",是我国人口较少的少数民族群体,主要聚居在中越边境沿海一带地区。京族人世代以捕鱼为生,其社会生活有着鲜明的海洋文化特色。

祖先籍贯是涂山，追鱼来到白龙湾。
春荒淡季几个人，到此捕鱼好收成。
打鱼工具是竹舟，风起浪急往岸摇。
随着海水涨潮处，两旁几个沙林岛。
竹舟进入米山岛，沙滩洁白树木茂。
祖先几人上岸来，找得此处心欢笑。

——《巫头史歌》

在我国西南边陲，聚居着一个人口不多但却有着鲜明海洋文化特色的少数民族。长久以来，勤劳睿智的当地人以漂浮在北部湾西北角的数个浅海小岛作为其安身立命之所，与浩瀚无边的大海相依为伴，过着随遇而安、与世无争的恬淡生活。这个有着绵长的发展历史、独特的生计方式和丰富多样的传统文化表现形式的族群，就是京族。

◀ 京岛海滩

京族人的家园

中越边境线附近"京族三岛"一带沿海地区，是我国京族人最为重要的聚居地。所谓的京族三岛，原先主要是指广西壮族自治区东兴市江平镇境内的沥尾、巫头、山心三个近海岛屿，因为岛上的居民大多是京族人而得此名。

京族三岛

京族三岛位于中越边境上的重要河流——北仑河入海口的东北部,其西北面为十万大山余脉的崇山峻岭,西南与越南社会主义共和国隔海相望,南面濒临浩瀚的北部湾。京族三岛原为3个独立的浅海岛屿,各个岛屿时常被1~2米深的海水隔断,只有退潮时才可以徒步往来其间。20世纪60年代,当地各族民众开启了规模浩大的"围海造田"工程,使这3个岛屿得以与陆地连成一片。现今的京族三岛实际上是一个半岛,但出于习惯上的原因,当地人仍然称之为京族三岛。

◀ 京岛的红树林

◀ 京族三岛远眺

◀ 海边人家

在地理空间上,京族三岛呈现出"品"字形的布局,自北向南分别散布着山心、沥尾、巫头3个岛屿。而京族人聚居的其他村寨,如红坎、潭吉、恒望、三德等村,则位于与之仅有一水之隔的大陆沿岸地区。京族人聚居的京族三岛及其附近地区,多为冲积岛屿和平原地带,海拔低,地势平坦,气候温热,雨量充沛,夏秋两季时有季风不期而至。由于土质中含沙量相对较高,加之土地灌溉设施不完善,当地种植粮食作物的条件并不十分理想。因此之故,尽管也有一些人家从事农业耕作,但对于绝大多数的京族人来说,海洋捕捞是他们更为倚重的传统生计方式。京族三岛附近海域渔业资源丰富,鱼虾蟹品种多、产量高,是当地最为重要的渔场之一。

海边人家

早先京族人的家园,是一座座风景旖旎的小岛或半岛,海岛周边是望不到边际的大海,岛上有金色的沙滩和据说连鸟儿都飞不过去的密林。京族人大多聚族而居,村子一般不是很大,小的三五十户,多的也只不过七八十户人家。哈亭被认为是京族村寨的标志性建筑。一些人口较多的村子,如氿尾、山心、巫头、红坎等,在村里地势稍高的地方,修建有专用于大型祭祀活动的宏大建筑——哈亭。而京族人家的住屋,则围绕在哈亭的四周。那是一排排用木板搭建起来的小房子,平常人家每户一般会有两三间。当地人平日里"有来有往",父子兄弟亲密无间,族人之间关系融洽,出海捕鱼时也多是结伴同行。

氿尾岛上的"丰泽亭"

京族人的"地界"

京族三岛及其周边地区,聚居或者散居着京、汉、壮、瑶等民族。千百年来,这些民族在生计上相互依赖、在文化上彼此交融,呈现出一定程度上的"你中有我,我中有你"的多元文化格局。但与此同时,各民族群体也依然保持着各自不同的特点。尽管京族人世代以捕鱼为生,对土地的依赖程度不像其他以农耕为业的民族那么高,但各个京族村寨还是有着一些"自己的地界"。京族人认为他们的家园会得到先祖或者各路神灵的护佑,因此他们通常会在村寨的边缘地带修建各类庙宇,供奉这些神灵。

◀ 巫头岛上的"将军庙"

京岛的"来历"

作为京族人的家园,京族三岛有着非同寻常的"来历"。在京族民间,关于京族三岛"来历"的传说颇多,有说是"神仙圈定"的,也有说是妖魔尸首化身而成的,可谓众说纷纭。

◀ 巫头哈亭

神仙造岛

在京族地区的民间传说当中,所谓神仙造岛之说,被认为是关于京族三岛形成的比较"简单"的"讲法"。神仙造岛说的故事梗概是这样的:

很久以前,有3艘出海捕鱼的小船遭到风浪袭击而不幸翻沉,船上20多位渔民全部落入水中。就在众人将要落入鲨鱼之口的时候,忽然听见一阵巨大的霹雳之声,一位身材魁梧、手持宝剑的神仙从天而降。只见神仙挥动宝剑劈向鲨鱼群,一道金光闪过之后,鲨鱼群顿时消失得无影无踪。神仙又将宝剑向天空一指,雷鸣闪电戛然而止,海面上风平浪静。神仙随即在小船沉没的地方轻轻画了3个小圆圈,圆圈内的海水立刻开始沸腾,并且不断向上冒出洁白的泥沙。不一会儿,3个美丽的小岛便浮出了海面。在惊涛骇浪里挣扎得筋疲力尽的人们喜不自禁,纷纷登上海岛。此后,他们在岛上繁衍生息、安居乐业,于是才有了今天的京族人和京族三岛。

镇海大王与京族三岛

神仙造岛的说法由来已久,在京族地区甚至可以说得上已经家喻户晓。不过,另一则关于京族三岛来历的"讲法"——"镇海大王"的传说,或许是因为有着更加生动的故事情节的缘故,在京族三岛来历的众多传说当中似乎更有受众。这个情节跌宕起伏、充满神秘色彩的传说,是这样讲述京族三岛的来历的:

在很久很久以前,现今的京族三岛一带地区是一片无边无际的汪洋大海,到处都是"水浸茫茫"的样子,只是在附近有一个叫"白龙尾"(半岛)的地方。白龙尾上的白龙岭虽然山不高、山势也不险,但却有一个很大、很深的石洞,里面住着一条硕大无比的蜈蚣精。蜈蚣精平时虽然多以鱼虾为食,但也不时地出来吞噬人。据说这种蜈蚣精神通广大,所有过往白龙尾周边海域的船只,(船主)都要送一个人给它吃,否则它就要兴风作浪,掀翻船只并吞噬船上所有的人。当地百姓对蜈蚣精虽然恨之入骨,但却无可奈何。

有一位好心的神仙得知此事后,决定为民除害,以保得一方

镇海大王神位

平安。开始的时候,这位神仙想趁蜈蚣精在夜间熟睡之时,用石头、泥土慢慢堵住洞口,把它堵死在洞里。不过,要想完全堵死蜈蚣精的洞口,据说必须在3天之内完成,而且在堵洞期间要保证鸡不鸣、狗不叫,不然就会把蜈蚣精吵醒,以至于前功尽弃。这一天,神仙想好了计策之后,便装扮成农民的样子,挑着一担当地人干农活时常常用到的大粪箕,若无其事地来到白龙岭下,然后悄无声息地挑土填堵蜈蚣精的洞口,正在酣睡之中的蜈蚣精浑然不觉。到了第二天的晚上,眼看着洞口就要被堵死。不料此时却忽然刮来一阵大风,吹得洞里呼呼直响,把蜈蚣精从睡梦中惊醒。蜈蚣精伸了伸懒腰,从洞里探出头来想看个究竟。无意间瞥见夜色朦胧之中有一个身材高大的精壮男子挑着满满当当的一担泥土朝洞口走来。生性多疑的蜈蚣精即刻意识到,必是有神仙要来整治它了——因为普通的平民百姓是没有能力也没有胆量敢在深更半夜到它的洞里来的——而且来者不善。由于不清楚来者的法力到底如何,蜈蚣精不想以硬碰硬,于是便使出诡计,唤起阵阵鸡鸣狗叫之声,破解了神仙的攻略。

无奈的神仙看到自己苦思冥想出来的计策,竟然被狡猾的蜈蚣精轻易识破,不由得心生几分失落之感,只好另辟蹊径,寻求更为精妙的镇妖之法。又一日,神仙化身一位衣衫褴褛的老乞丐,扛着一个几十斤重的大南瓜,来到东兴镇的码头上。只见这位老弱的乞丐扛着南瓜吃力地向停泊在码头边上的一条旧船走去，请求船老板把他带到北海。而这位船老板此时正在为他那条破旧的商船如何通过白龙尾发愁呢，听说乞丐要坐船，不禁喜出望外：若是在经过白龙尾海域的时候把这个老乞丐送给蜈蚣精，我的宝贝船只就可以平安无事了。欣喜之余，自以为精明的船老板便告知老乞丐第二天一早便开船去北海，让他无论如何要早一些过来。

无家可归的老乞丐于是只好在东兴码头边上过夜。天刚蒙蒙亮的时候，商船终于起航了，老乞丐显得格外兴奋。旧商船沿着北仑河驶入大海，一路上风平浪静。只是因了蜈蚣精吃人的种种传闻，船上的人还是不免有些紧张。一直显得异常镇定的老乞丐劝慰大家不要慌张，说他自有收拾蜈蚣精的妙计，并让船上的伙夫赶紧帮他把扛来的大南瓜煨熟。

中午时分，船只颤颤巍巍地来到白龙尾海域。正当众人惶恐不安之时，只见蜈蚣精大摇大摆地从洞里爬了出来，并飞速游到船边。蜈蚣精毫不费力地抓住船舷，然后张开它那血盆大口就要吃人。船上的人不禁大惊失色。这时，居心叵测的船老板扯住乞丐的衣裳，把他拉到船边，说："乞丐公，委屈你了。"说话间，就要动手把老乞丐推下海去。老乞丐摆摆手，道："阿叔且慢，我自己来对付它。"说时迟、那时快，只见老乞丐从容不迫地举起那个已煨得热烫的大南瓜，迅速用力塞进蜈蚣精的喉咙。蜈蚣精咽下大南瓜之后，浑身犹如烈火焚烧一般难忍，不由得上下翻滚，在海里死命挣扎。霎时间，天昏地暗、海面上被掀起阵阵骇浪惊涛。没过一个时辰，蜈蚣精的身体就扭断成了三截，头一截、身一截、尾一截。

蜈蚣精的尸首慢慢沉入海底。天长日久之后，死去的蜈蚣精尸骸变成了泥沙石头，并逐渐露出海面。头的那一截，变成了巫头岛；身上的那一截，变成了山心岛；尾巴的那一截，变成了沥尾岛。这便是现今的京族三岛了。那个神通广大的乞丐神仙，据说就是京族人的保护神——"镇海大王"。

京族人及其"来源"

京族，又称"越族"，其与东南亚地区的越族人（Vietnamese）虽然在称谓上有所不同，但在历史渊源、语言、传统习俗等方面有许多相似之处，因而在民间通常被视为同一个"民族"（族群）。"越族"据认为是远古时期骆越人的后代，是一个在东南亚地区有着重要影响的跨国民族，目前主要分布在中国、越南、老挝、柬埔寨、缅甸以及中国香港等国家和地区。

京族人口

根据国家统计局公布的2010年第六次全国人口普查数据，截至2010年11月，我国境内（除台湾、香港、澳门）的京族人口共有28 199人（其中男性14 416人，女性13 783人），约占全国少数民族人口的0.25%。

我国的京族人口目前主要分布在广西、贵州、云南、广东等地，此四省区的京族人口共有25 788人，占全国京族人口的91.45%。其中，广西是京族人口最多的地区，有京族人口23 283人，约占全国京族人口的82.57%。贵州、云南、广东等地的京族人口，分别占4.9%、3.11%和1.72%。广西壮族自治区东兴市江平镇沿海一带的沥尾岛、巫头岛、山心岛等浅海岛屿（半岛）及周边地区是我国京族人最为重要的聚居地，居住于此地区的京族人口有16 200人，占全国京族人口总数的62.82%。

京族人口及其分布

单位：人

地 区	总人口		
	小计	男	女
全 国	28 199	14 416	13 783
北京市	56	22	34
天津市	32	14	18
河北省	77	25	52

续表

地 区	总人口		
	小计	男	女
山西省	29	13	16
内蒙古自治区	25	10	15
辽宁省	15	10	5
吉林省	8	5	3
黑龙江省	22	11	11
上海市	45	20	25
江苏省	218	101	117
浙江省	148	87	61
安徽省	92	39	53
福建省	260	120	140
江西省	301	170	131
山东省	80	35	45
河南省	120	51	69
湖北省	93	54	39
湖南省	86	34	52
广东省	484	232	252
广西壮族自治区	23 283	12 047	11 236
海南省	189	92	97
重庆市	25	14	11
四川省	264	126	138
贵州省	1143	620	523
云南省	878	351	527
西藏自治区	5	2	3
陕西省	28	11	17
甘肃省	109	54	55

续表

地区	总人口		
	小计	男	女
青海省	10	6	4
宁夏回族自治区	5		5
新疆维吾尔自治区	69	40	29

20世纪90年代以前，海洋渔业捕捞是京族人最为重要的生计来源，绝大部分京族人口都居住在北部湾西北角的一些海边渔村里。90年代以后，随着我国改革开放的不断深入以及市场经济体制的建立，京族人的生计来源日益多元化，越来越多的京族人口到城市和城镇居住。据统计，截至2010年，居住在乡村的京族人口有12 731人，占总人口的45.15%；居住在城市的有9 251人，占32.81%；居住在城镇的有6 217人，占22.05%。

按居住地分布的京族人口

单位：人

居住地人口	小计	男	女
全　　国	28 199	14 416	13 783
乡村人口	12 731	6 651	6 080
城市人口	9 251	4 549	4 702
城镇人口	6 217	3 216	3 001

第六次全国人口普查时的京族人口分布

京族人口较为明显的增长，始自20世纪60年代。经济与社会的快速发展以及现代医疗技术不断普及，无疑为京族人口的增长提供了良好的物质基础和技术条件。与此同时，由于我国政府给予京族人口诸多政策上的优惠，一些与京族人通婚的其他民族人口，也根据相关政策，将其子女的民族成分改为"京族"，从而使京族人口在短时间内得到迅速增长。如此，京族人口从1964年的4 293人迅速增加到2010年的28 199人，人口增长了556.86%。其中，又以1964—1982年的增长幅度最大，达到179.41%，年增长率为5.87%。

历次人口普查时的京族人口

单位：人

历次人口普查年份	1953年	1964年	1982年	1990年	2000年	2010年
人口总数	6 596	4 293	11 995	18 915	22 517	28 199
增长幅度	—	-34.92%	179.41%	57.69%	19.04%	25.23%

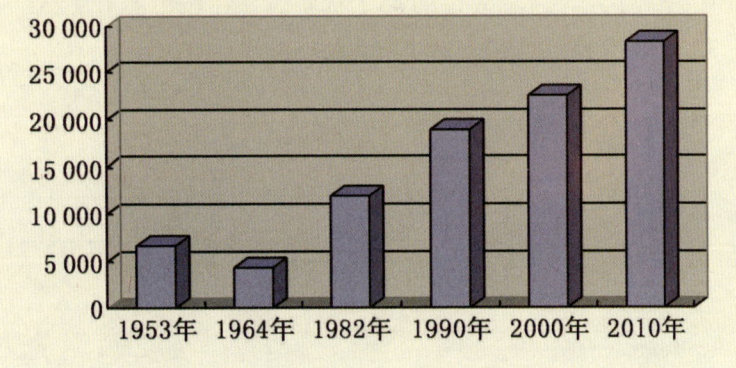

京族人的历史叙述

中国境内的京族人主要聚居于中越边境地区。在中国古代文献中，京族人曾被称为"交趾人""安南人"或者"越族人"。1958年5月正式定名为"京族"，以取"心向北京"之寓意。

一般认为，目前中国、越南两国的京族（越族）人，其最直接的祖先是远古时期分布在我国东南部的雒越人（又称骆越

京族简史碑刻

人）。中越两国的大量历史文献和考古发现均表明，越南的主体民族——越族的直接祖先是古代的骆越人。而骆越人据认为是春秋战国时期居住在中国长江流域以南的百越族群中的一个支系。越南学者陶维英在其影响广泛的著作《越南古代史》一书中也指出，骆越人即是古代越南北部越族的一个分支。根据中国学者范宏贵的研究，至少在公元前1世纪至公元2世纪，在红河三角洲一带地区，就有骆越人定居，主要从事农业生产。此后，骆越逐渐分化成两个支系，居住在平原地区的骆越人，形成如今的越族，而那些居住在山区的骆越人，则发展成为芒族。

从骆越人到越族人，并不是简单的继承或者替代关系，而是一个漫长而复杂的形成过程。事实上，作为一个庞杂的民族群体，越族的先民——生活在红河三角洲地区的骆越人，在其形成和发展的过程中，先后吸收了周围不同民族群体，如占人、孟高棉以及一部分汉族人，从而成为一个以骆越民族为主体的新型民族群体。这个民族群体的生活方式和价值观念受到中华汉文化的深刻影响，同时也蕴含有许多占人文化、高棉人文化的重要成分。

族群记忆中的京族人

我国京族地区的地方史料记载以及当地民众的口述资料，大多倾向于认为目前聚居在我国广西壮族自治区东兴市江平镇沿海一带的京族人，主要是在16世纪以后陆续从越南的涂山、春花、宜安、瑞溪等地迁入中国境内的。根据江平镇沥尾村京族人保存的清光绪元年（1875）订立的乡约记载，当地人的祖先来自于现今越南的涂山。京族地区流行的《京族史歌》，对此也有如下描述：

> 洪顺三年的一天，先祖漂到福安邑。
> 初来方向实难分，四面海水岛林浓。
> 人随船漂无定所，日浴太阳夜宿霜。
> 大伙会集共商量，决定在此建草房。
> 众心同归一处想，你去砍树我扎墙。
> 大家辛苦日夜干，砍树割草来建房。
> 日月如梭消逝去，光阴似箭时间忘。
> 房屋终于立建成，遮风挡雨有地方。
> 原来故乡相隔远，如今此地是家乡。

武家族谱 ▶

"洪顺"年号,是越南后黎王朝的年号。洪顺三年,即为中国大明王朝之武宗正德六年,也就是1511年。由此或许可以大致推算出,迁入到江平镇沥尾村的部分京族人,至少已在当地生活了400余年。

另据被认为是最早迁来的刘、阮两姓族人追述,他们的始祖原住在越南北部沿海地区的吉婆岛,其后又迁至越南涂山一带地区以打鱼为生。一次偶然的机会,他们在北部湾追捕鱼群来到巫头岛,看见岛上荒无人烟,周围又有较好的渔场,便决定在此地定居,至今有十六七代了。若以每代25年计算,迄今至少也有400多年,这与沥尾村乡约中的记载似乎是相吻合的。

有学者从语言上进行研究,认为一些姓氏的京族人的祖籍地在越南太平省。而据一些京族人所保存的家谱记载,其祖先原先是中国的汉族人,迫于生计而迁入越南,此后逐渐融入当地社

与东兴镇一河之隔的越南芒街 ▶

会,"成为越族人"。后又转至现今广西东兴市江平镇的山心岛等地居住,20世纪50年代以后定名为京族。

> **知识链接** **京族地区的历史沿革** 据《防城县志》记载,现今京族人聚居的江平镇一带地区,在先秦时期为百越之地的荆州南境。汉代以后,为合浦郡合浦县辖地。南北朝时,属南朝交州、安州。隋开皇十八年(598),改安州为钦州。唐天宝元年(742),改钦州为宁越郡,后又复改为钦州。宋时,隶属广南西路,为安远县地境。元因之,属钦州路。明属廉州县,隶雷州府,后复为州,府隶广东布政司。清光绪十四年(1888),钦州升为直隶州。1888年冬,清政府在京族人聚居地区设立防城县,时为广东省钦州府管辖。至民国年间,均为广东地境。1951年3月,京族地区所在防城县划入广西省,后又于1955年7月划归广东。1965年8月,划为广西僮族自治区辖地。1996年,县级东兴市成立,京族地区所在江平镇归口东兴市管辖。

▲ 大清国一号界碑

京族人的传统文化

"神秘"的京族人

在20世纪70年代"围海造田"以前,京族人的社会生活是较为封闭的。虽然有着繁复的历史记载以及众多的民间传说,但长期生活在与世隔绝的海岛之上的京族人,他们的生活方式、风俗习惯通常不易为人所知。而"传说"中的京族人的社会生活,也因此被蒙上层层神秘色彩。

世代以捕鱼为生的

◀ 身着节日盛装的京族少女

京族人，是我国为数不多的以海洋渔业为主要生计来源的少数民族。京族人传统的社会生活是简单而自在的。潮来潮去的渔业生活，春华秋实的农业耕作，尽管不能给予京族人富足的物质生活，但淡然自足的社会心态、长幼有序的社会组织、团结和睦的社会关系，却使京族人过着一种恬静而安宁的生活，并由此形成了与其社会生活相适应的丰富多彩的海洋文化表现形式。

"翁村"是京族人的传统社会组织。在京族人聚居的村寨当中，大多成立有"翁村"组织。"翁村"组织的主要成员由村中长老推举产生，没有固定的任期。1949年以前，"翁村"组织是京族村寨的主要权力组织，负责管理和协调村中各种大小事务，组织各项重大的宗教祭祀活动。在1949年以后的近30年间里，"翁村"组织的活动受到国家政策的严格限制，其对京族人社会生活的影响也大为削弱。

目前，传统"翁村"组织的大部分职能已由村党支部和村民委员会行使，"翁村"一般只负责管理各村哈亭的日常事务，组织每年"哈节"期间的各种祭祀活动。

"神妙"的京族传统文化

京族人崇拜祖先，敬畏神灵。多数京族人的家中都供奉有祖先的神位。京族人认为他们祖先死后的灵魂仍然会在阴间保佑他们，因而逢年过节都要隆重祭拜。镇海大王是京族人最为敬仰的神灵。在京族人的神话传说中，镇海大王是京族人的保护神，因而受到当地京族人的顶礼膜拜。

独弦琴、字喃、唱哈被认为是京族传统文化的标志，自古以来就深受京族人喜爱。

独弦琴是一种京族传统乐器，因琴中只有一根琴弦，故称独弦琴。独弦琴琴声悠扬、音色优美，为琴中珍品。

字喃是旧时越南京族语言的主要载体，流行于越南民间，京族人迁入我国定居之后，字喃的使用也随之出现在当地民间宗教的经书和歌本之中。只是由于使用范围相对较窄，如今在京族地区能灵活使用字喃的人已经不多。

唱哈是京族人的群众性活动，在京族语中，"哈"的原意即是唱歌。京族人唱哈，一般以对歌的形式进行。20世纪60年代，

▲ 节日里的京族人

京族唱哈活动受到一定限制，20世纪80年代以后才逐渐得到恢复。

> **知识链接** **唱哈节** 一年一度的唱哈节，是京族人至为隆重的传统节日。京族各村寨的哈节日期不尽一致，如氵万尾村的哈节在每年的农历六月初九至六月十五，巫头的哈节在八月初一至初七，山心的哈节在八月初十至八月十五。每逢哈节，各村京族人欢聚一堂，热闹非凡。除哈节之外，京族人也常在春节、端午节、中元节、中秋节等重大节日期间举行各种庆典活动。

第二章
京族人的生计

　　京族人聚居地区的附近海域，有着丰富的海洋渔业资源，曾是远近闻名的渔场。千百年来，京族人过着一种"靠海吃海"的半自然经济生活。以"做海"为主的传统生计方式，维系着京族人的繁衍和发展。

京族祖先在海边，独居沙岛水四面。
前继后接十几代，综计阅历数百年。
父生子来子生孙，靠海为业年过年。
木柱茅屋栏棚底，在此食来在此眠。

——《京族简史》

海阔天空，
有网就抛有钓就放，
万一江狭海浅，
网抛无用钓亦空忙，
如今江阔海宽，
有钓有网随意扬竿张网。

——《京族史歌》

特殊的生存环境，注定了京族人与大海之间的特殊关系。而这个有着绵长历史的族群，也因此有了一种与众不同的生计方式——"靠海吃海"。千百年来，京族人与浩瀚无边的大海相依为伴，用他们的勤劳和智慧，谱写了充满人间温情的壮美诗篇。

大海：在天堂与地狱之间

京族人聚居地区的各个岛屿，多是海水冲积而成的沙岛，面积不大，海拔通常都在10米以下。氵万尾岛是京族三岛中面积最大的岛屿，面积也不过13.7平方公里，而最小的山心岛，则只有3.37平方公里。由于岛上的土壤和供水系统不利于农业耕种，长期以来，京族人的生计主要来源于渔业生产。从某种意义上讲，虽然大小不一的海岛是京族人生于斯、长于斯的家园，但一望无尽的大海其实才是养育他们的"衣食父母"。

◀ 汪洋中的竹排

京族人的渔场

旧时的京族三岛四面环海，其附近的海域多为浅海或者滩涂。20世纪70年代以前，沥尾、巫头、山心三个岛屿之间的海域，涨潮时水深3米多，退潮后则是地势较为平坦的滩涂，通常可以徒步往来各岛以及大陆之间。20世纪70年代"围海造田"工程完成之后，这一片滩涂大部分被改造成农田，但各岛周边的滩涂，仍然得到一定程度的保留。

山心岛、沥尾岛和白龙半岛所环绕的"珍珠港"，以及北仑河入海口附近的海域，是京族人主要的浅海作业区。而沥尾岛东南面直至一个被称为"白苏岛"（岛礁）之间的广阔海域，则是京族地区传统的渔场。这个海域的水位较深，鱼群也相对集中。

◀ 满载而归的渔船

"靠海吃海"

对于靠海吃海的京族人来说，大海似乎是他们生活的天堂。阳春三月，京族三岛一带地区繁花似锦，水暖鱼肥，这是一年渔季的开始。成群结队的渔船，在渔民们满怀期待的欢声笑语之中，缓缓驶出沉睡了一个冬天的港湾，重新投入大海宽广的怀抱，为家庭的生计奔忙。在农历八月季风来临之前长达5个月的时间里，京族三岛附近海域风平浪静，洄游的鱼群接踵而至，这是京族地区渔业生产的旺季。在风调雨顺的年成里，京族人通常

▲

等待收网的渔民

可以在这段时间积攒好全家老小一年的生计所需。

　　大海也有暴戾的时候。若是渔季里过早、过多出现台风，渔业收成就会受到影响，缺少积蓄的京族人家这一年的日子可能就会变得异常难过。民间广泛传唱的《沥尾京族简史歌》记载了当地人迁入沥尾岛后不久所经历的艰辛以及他们为了应对这种生存困境所取用的"对策"：

　　　　迁居此地十年时，海产减收人损失。
　　　　人们心里有焦虑，聚在一起齐叹息。
　　　　无处不有鬼神隍，祈祷期约试怎样？
　　　　杀猪一头来祭拜，三天可否如愿偿。
　　　　先祈人丁六畜旺，后求鱼虾堆满仓。

　　由于生计所迫，旧时一些京族人家往往顾不得天气恶劣而冒险出海捕鱼。尽管也有不少幸运者能够躲过风浪，有时甚至还有人"鱼虾满仓"而归，但单薄的竹排和并不可靠的天气预测经验对于海上风浪的抵御能力无疑是十分脆弱的。事实上，即便是在20世纪70年代现代航海技术在京族地区普及使用之后，因为不能准确掌握天气变化情况而葬身海底的京族人也仍然不胜其数。对于长年漂泊在北部湾海域惊涛骇浪之中的京族人而言，大海固然是他们的天堂，但同时也是一座变幻莫测的地狱。

海的馈赠

大海对京族人恩宠有加。丰富的海洋渔业资源，或许是这种恩宠最为直接的表达。在京族三岛周围，环绕着广袤而肥沃的滩涂，茂盛的红树林和难计其数的浮生植物生长其间，成为各种鱼类不可多得的觅食之所，并由此聚集了数量庞大的鱼、虾、蟹、贝类种群。

京族地区的海产品

鱼类 种类繁多的鱼类，是大海对京族人的慷慨恩赐。京族地区附近海域活动的鱼类，大致上有赤鱼、马鲛鱼、青鳞鱼、芒鱼、苍鱼、鱿鱼、墨鱼、石斑、鲈鱼、季母鱼、鲨鱼、黄泽鱼、骨鱼、条鱼、水鱼、少阳鱼、浪随鱼、石岩鱼、马母鱼、齐鱼、蓝刀鱼、沙鱼、沙针鱼、银鱼、木马鱼、滚子鱼、风黎鱼、硬尾鱼、硬头角鱼、金草鱼、龟鱼、龙利鱼、花碟鱼、海鳝鱼、门鳝鱼等。这些鱼类当中有的营养价值和经济价值都非常高，如青鳞鱼、马鲛鱼等，是当地人眼中的稀罕之物。

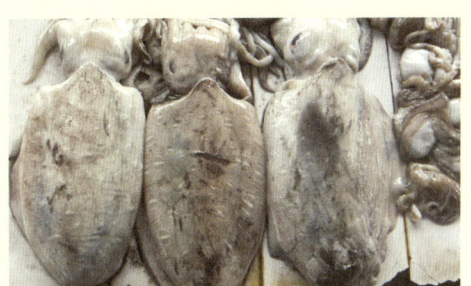

◀ 京族地区出产的鱿鱼

◀ 京族地区出产的海产品"柴狗鱼"

虾与蟹 虽然品种相对单一，但虾、蟹在京族人的海洋渔业生活当中也不失其特色。当地常见的虾类有对虾、斑节虾等，自然生长的虾类不仅品种少，产量也不高。目前当地出产的虾类以对虾为多，主要靠人工利用海水养殖。京族三岛地区蟹类比较多，有青蟹、花蟹、扁蟹、石蟹、狮子蟹、拜天蟹等，其中青蟹、花蟹在当地最为常见。旧时因为海产品比较多，当地人对于蟹类并不十分关注，通常只有肥美的青蟹得到他们的青睐，而其他的蟹类则一般都被用来充当饲料之用。

◀ 泥丁

杂海产品 种群复杂、数量庞大的杂海产品，是大海对京族人的特殊馈赠。京族地区的杂海产品，主要有海螺、沙虫、海蜇等。海螺是京族人杂海作业的主要对象之一。当地出产的海螺，大致有车螺、红螺、白螺、连螺、鹦鹉螺、含珠螺等。车螺、红螺等主要在浅滩活动，捕捉相对容易，产量比较高。此外，沙虫、泥丁等，也是京族人传统的杂海产品。海蜇作为一种"新兴"的海产品，在20世纪90年代以后逐渐成为京族地区渔业生产的"拳头产品"。目前，海蜇已然成为京族地区与对虾生产等量齐观的海产品，而海蜇捕捞也已成为普通京族人家最为重要的家庭收入来源之一。

海盐

富含盐分的海水，对于京族人来说，也是大海的一份恩泽。京族地区附近海域的海水含盐量达到30.09%~33.91%，适宜制造海盐。丰富的盐业资源，曾经在京族地区经济与社会发展当中扮演过重要角色。1949年以前，盐业生产在京族地区的经济总量当中约占3%左右，而在20世纪五六十年代，盐业更成为地方经济发展的支柱产业之一。目前，山心、巫头、潭吉等地均有盐田，其中山心岛有盐田20多公顷，巫头岛也有盐田20多公顷，潭吉有盐田30多公顷。

"做海"与"养海"

　　京族人通常把他们最为传统的生计方式称为"做海"。所谓"做海",其大致的意思,就是到海里或者海滩上从事渔业生产活动。虽然京族地区也有部分人家从事农业生产,但"做海"历来都是当地人最为主要的生计来源。京族人"做海"的方式,主要有远海捕捞、围箔捕鱼、拉网捕鱼以及其他杂海作业等。

◀ 勤劳的京族妇女

远海捕捞

　　远海捕捞是京族人最原初的"做海"方式。这种"做海",一般以家庭为生产单位,依靠以"放网"的方式捕捉各种鱼群。旧时京族人的航海工具、捕鱼工具比较简陋,海上作业风险高、体力消耗大,因此当地人"做海"时通常都是父子兄弟一同前往,而妇女则留在家里照顾全家老小。20世纪70年代以后,随着机动船只的普及,出海捕鱼的妇女逐渐增多。不过,由于受到食物、淡水以及燃料补给等方面的限制,京族人出海捕鱼通常不会离岛很远,多数人家都是早出晚归,极少在海上过夜。

　　对于京族人来说,所谓的远海捕捞,其实也不能离家太远。京

赶海的京族人

族人出海捕捞，除传统的鱼类之外，近年来其捕捞对象逐渐集中在海蜇上。而每年的春夏之交，已成为京族人捕捞海蜇的"旺季"。

围箔捕鱼

依靠潮水的涨落，利用安置在入海河道水流湍急之处的大型定置渔具——渔箔来捕捉鱼虾，是山心、巫头等地京族人传统的浅海渔业作业方式，当地人称之为"做箔"。围箔捕鱼一般在夜间进行。夜里涨潮之后，从事围箔捕鱼的人家趁着夜色划船前往自家渔箔，在渔箔底端（俗称"篱沟"）挂上渔灯以做诱鱼之用。凌晨时分，海水开始退潮，这时

渔箔内景

顺着水流进入渔箔底端的鱼虾便纷纷成为瓮中之鳖，任由守候在渔箔旁边的渔民捕捞。

作为一种浅海捕鱼方式，渔箔捕鱼投资大，收效也好，但旧时京族人家财力有限，往往难以承担修建渔箔的巨大投入，因而

渔箔外观

当地人家多以"低嗨"的方式由几户人家共同修建、轮流租用。20世纪80年代以后,京族地区的渔箔才逐渐为单个京族人家所拥有和使用。

拉网捕鱼

对于京族人来说,拉网捕鱼是一种轻松自在的渔业生产方式,多出现在海滩面积较大的沥尾岛。拉网捕鱼的作业方式,一般是先用两条小船在选定的近海鱼场周围撒网,将鱼群围成一个半月形的包围圈,然后众人分别把渔网的两端往岸上拉,将围住的鱼群拉上岸。参与拉网捕鱼的渔民,一般都是一些上了年纪的中老年人,人员数量在20人~30人之间,男女均有,捕鱼所有为众人一起分配。尽管拉网捕鱼的收获通常都较为有限,但众人对此并不在意。拉网捕鱼时,渔民们有说有笑,劳动气氛相当轻松。

拉网捕鱼

杂海作业

京族人的杂海作业,有放墨鱼笼、挖沙虫、扒螺等。放墨鱼笼一般要到离岛稍远的海域。在墨鱼产卵时节,每天傍晚之前,渔民划船到墨鱼活动频繁的海域,把鱼笼投入海中,每隔3~5米一个,然后回家静待墨鱼入笼,第二天清晨再来收笼。对于当地渔民来说,放墨鱼笼是一项充满期待的工作。挖沙虫和扒螺是京族人最为常见的杂海作业方式,通常在退潮后的浅海滩涂上进行。从事这两种杂海作业的京族人,以中青年妇女为主——挖沙虫尤其如此。无论是挖沙虫还是扒螺,对体力的要求都不是很高,但往往需要更多的耐心。

▲ 扒螺

▶ 京族渔民

> **知识链接** **男人做海,女人持家** "靠海吃海"的京族人家,在生计上有着较为显著的"男人做海,女人持家"的性别分工特点。旧时京族人家出海捕鱼,主要以木船、竹排为航行工具,对体力要求相对较高,因而到远海捕鱼的多为男子,而当地妇女则在家里从事农业生产或者到海岛周边的滩涂上挖沙虫、扒螺等,同时打理家务。虽然20世纪80年代以后,随着家庭联产承包责任制的落实以及机动船只的普及,也有一些京族妇女与男子一同出海捕鱼,而京族人的从业范围也更为广泛,那种泾渭分明的性别分工界限开始有所模糊,但传统的"男人做海,女人持家"的性别分工模式仍然在一定程度上得到保留。

海水养殖

京族人传统的生计方式，或许可以说得上是一种"靠天吃饭"的营生。每当遇到海里回游鱼群多、天气好的时节，当地人的收成可能就会多一些，否则的话他们的生活就"不好安排"。而即便是海产丰收的时候，由于受到市场环境和交通条件的限制，当地渔民的生活也不见得就有好的着落。因为从表面上看京族人是靠捕鱼为生，但卖鱼对他们来说也同等重要。虽然1949年以后地方经济发展成就斐然，但直到20世纪90年代以前，京族地区的经济发展仍然在相当程度上处于一种"半自然经济"状态之中，当地人靠天吃饭的生计方式并没有发生本质上的改变。

20世纪90年代以后，随着交通、通信等基础设施建设的极大完善以及地方经济的高速增长，京族地区的经济发展模式发生深刻变革，而当地人"靠海吃海"的传统生计方式也因此发生巨大变化。尽管海洋捕捞在京族人的经济生活当中仍然占据着十分重

虾塘

要的地位，但由于产业结构的调整以及一些新兴产业——如海水养殖、海产品加工等的出现，京族传统"靠海吃海"生计方式的内涵悄然发生改变。事实上，20世纪90年代以后京族地区的渔业生产，已开始从以海洋捕捞为主逐步转向以海水养殖为主，从而实现传统生产方式向现代渔业发展模式的转变。与此同时，以当地人捕捞的海蜇为主要加工对象的海产品加工业也得到快速发展。

海水养殖是京族地区新兴的渔业生产方式，目前已成为京族地区经济发展的支柱产业。20世纪90年代中期以后，京族地区海产品的市场需求持续扩大，以捕捞为主的传统渔业生产难以适应这种新的变化。在此情势之下，一些在中越边境贸易当中富裕起来的京族人家，开始把自家承包的低产盐碱田开挖成水塘，并引入海水养殖对虾等海产品。海水养殖是一项高投入、高风险、高收益的产业，对资金、技术的要求都比较高，对于没有太多养殖经验的京族人来说，这无疑是一项极其严峻的考验。不过，对于那些经受住考验的人家而言，他们所得到的回报却是相当丰厚的，而因为从事海水养殖而迅速富裕的京族人家更是难计其数。

◀ 待售的海鲜

京族地区的海水养殖，目前以养殖对虾为主。用于对虾养殖的所谓虾塘，在如今的京族地区几乎随处可见。这些虾塘小的大致有三五亩（水面），大的则有10多亩、20亩，每个虾塘一般可以养殖春、秋两季对虾。对虾养殖所需要的虾苗，有专门的养殖场提供。对虾养殖对水质、氧气等的要求比较高。虾塘水质不仅要求有合适的盐碱度，同时还要定期更换。除此之外，为了保证虾塘里的水有足够氧气以利于虾苗成长，养殖户每天（尤其是天气较为闷热的时候）都要开动安装在虾塘中央的给氧机对其"打氧"。虾苗在成长过程中所产生的排泄物，通常可以通过更换塘水的方式进行排放，但这种方式无法彻底清除对虾的排泄物，因此在养殖若干年之后，养殖户们还要对虾塘进行翻修。

随着养殖技术的发展，石斑鱼、青蟹、红螺等经济价值较高的海鲜产品，目前在京族地区也多有养殖。2000年前后，一些京族人家尝试在海岛周边海域的浅水海湾上修建网箱养殖石斑鱼等鱼种，并获得了一定程度的成功。此后，陆续有人参与到网箱养鱼的行列当中，一些人家甚至有了较好的收益。青蟹养殖是京族地区新近出现的一种养殖方式，主要利用改造过的、条件较好的虾塘进行养殖。由于青蟹养殖技术还不十分成熟，目前大多数人家都只是采取小规模养殖的方式进行探索性养殖。山心、巫头等地有着广阔的浅海滩涂，当地人有利用滩涂养殖红螺的传统。由于红螺养殖对场地和技术的要求都不是很高，因而一些有条件的当地人家都或多或少地养殖一些红螺。

渔民的"副业"

对于世代以捕鱼为生的京族人而言，"做海"固然是他们的主业，但与此同时，与"做海"有着直接或者间接关联的一些所谓"副业"，在京族人的社会生活当中，也是不可或缺的。

干鲜海产品加工

生鲜海产品加工，是京族人的传统副业。20世纪80年代以前，京族地区渔业资源丰富，捕捞量也大，但由于当地的市场容量有限，一些生鲜海产品销路不畅，当地人只好对其进行加工处理。京族人加工生鲜海产品的方式比较简单，一般都是先对其进行腌制，然后再晾干或者晒干。咸鱼干、鱿鱼干、沙虫干、蟹肉干、螺肉干等，是旧时京族地区最为常见的加工海产品。晒干后的海产品有着相对较长的保质期，这些产品往往可以卖到离海边较远的城镇或者山区。而从事此类附带性的产品加工，也因之成为京族渔民的一种"副业"。从某种意义上讲，这种副业的存在，在一定程度上缓解了京族地区滞销海产品的销路问题。

海蜇加工

海蜇加工是京族地区在20世纪90年代以后逐渐发展起来的一项新兴产业。海蜇，又称水母，是一种海洋浮生动物，体形呈伞状，大多栖息在近海水域。海蜇体内含有丰富的碘、钙、蛋白质以及多种维生素，有清热解毒、消肿降压等功能。20世纪90年代中期，海蜇的市场需求急剧扩大，一些京族人开始在村里建设海蜇加工场，并与外地客商合作收购、加工生鲜海蜇，京族地区的海蜇加工业自此开始快速发展。海蜇加工业的繁盛，同时也带动了海洋捕捞业的发展，使之成为氵万尾等地京族人家庭收入的重要来源。

加工海蜇

鱼露加工

鱼露，当地人又称之为"鲶汁"，是一种京族人家广泛使用的日常调味品。加工"鲶汁"的京族人家，主要集中在山心、巫头两地。京族地区生产的"鲶汁"，大多在当地销售，虽然产量并不是很高，但品质很好。由于生产"鲶汁"所用到的原材料，多为渔箔捕捞所得的小鱼仔，因此加工"鲶汁"的人家，通常还从事渔箔生产。

鲶汁加工作坊

晒盐

盐业生产也是京族地区的一种传统产业，俗称"晒盐"。山心、潭吉等地的京族人，素有用海水"晒盐"的传统。旧时"晒盐"的京族人家，通常会在易于取得洁净海水的地方，开辟出平整的盐田（盐池），在天气晴好的时候，把海水抽上盐田，利用日光对其进行暴晒以蒸发水分，使之最后结晶成盐。京族人家生产出来的海盐，多为"粗盐"，主要用于海产品加工。而从事"晒盐"营生的人家，一般都有"祖传"的背景。新中国成立以后，京族地区的盐业生产，划归当地的集体企业经营，而传统上以家庭（家族）为生产单位的"晒盐"，亦由此开始淡出京族人家的经济生活。

耕农

京族人的所谓"耕农"，主要指的是从事农业生产。在传统的京族社会中，妇女们一般是不轻易出海的。这主要是因为海上风浪难测，而且妇女们相对柔弱的体质也被认为不适合从事海上作业。由此，"耕农"就在一定程度上成了留在家里照顾老人孩子的妇女们的一项传统"副业"。

京族人从事农业生产的历史不长，他们的农业生产技术尤其是水稻种植技术，据认为主要是从汉族人那里学来的。长久以来，农业种植作为渔业生产的一种必要补充，在京族地区尤其是山心村等地的家庭生活中占据着十分重要的地位。京族地区的农副产品，主要有水稻、红薯、木薯、芋头、玉米、花生等以及部分水果、蔬菜。如前所述，京族三岛一带地区土壤含沙量高，且大多数的水田、旱田和坡地都是由海边的盐碱地改造而成的，并不十分适合农作物的生长，因而产量一直比较低，难以实现粮食自给。

◀ 红薯地

边境贸易

　　京族人家世代以捕鱼为业,虽然在新中国成立以前就有人到越南芒街等地做些小生意,但真正从事商品贸易活动并以此为生的当地人家是不多见的。这种状况在20世纪90年代以后发生了深刻改变。1989年春节前夕,大量越南商贩涌入东兴镇采购其国内紧俏商品,中越边境贸易的新序幕就此拉开。作为传统渔民的京族人的商业才华,也由此得到极大限度的施展。由于其聚居地在地理空间上的特殊性,加之在语言、生活习俗等方面与作为越南主体民族——越族人颇为相似,京族人在这场对中越边境经济社会发展有着深远影响的边境贸易大潮当中占据着天时、地利、人和的显著优势,一些人家因此迅速致富。自此时起,边境贸易逐渐成为京族人家的一项重要"副业"。

▶ 海边贸易

其他"副业"

　　进入21世纪以后,随着农村产业结构调整步伐的不断加快,一些新产业不断涌现,而京族人的"副业"也在不断增加。作为一个新兴产业,京族地区的旅游业近年来发展迅速。优美的自然风光、独特的地理位置和人文景观,催生了京族地区以"上山、下海、出国"为主题的边关风光旅游,并由此带动了与之相关的

◀ 渔村小菜市

旅游服务业的兴起。而从事旅游服务，也成为部分京族人家的一项"副业"。对于城市生活的向往，使得外出务工成为许多新生代京族人的重要职业选择。20世纪80年代以后出生的京族人，大多接受过良好的现代教育，他们的思想观念和职业取向，与父辈有所不同。事实上，在这些年轻人当中，愿意从事渔业生产的人正在逐年减少，更多的人似乎希望在城市或者附近城镇打工，以图过上和城市人一样的生活。此外，与当地人社会生活有关的第三产业，近年来在京族地区也得到一定程度的发展。

第三章
"翁"的村落

传统的京族社会,是一个以"翁"为中心的社会。德高望重的"翁古""翁村"们,在京族社会享有极高的荣誉和声望。作为京族人最为重要的传统社会组织形式,"翁村"制度在京族人的社会生活当中扮演着重要角色。

京族长老 ▶

尽管地处偏僻之所，但京族却是一个深受儒家文化影响的少数民族群体。在传统的京族社会中，德高望重的年长者——"翁古""翁村"等，处在社会结构的最高层。他们既是世俗事务的管理者，同时也是神圣事务的主导者，在村子里拥有极高威望。

"翁古"与"翁村"

在京族人的称谓当中，所谓的"翁"，无论是发音还是其内涵，均与"公"相近，有"年长""长"之意，通常泛指男性年长者。长久以来，作为京族社会最具影响力的传统民间组织，"翁古""翁村"组织及其成员在当地享有良好的社会声誉，他们在京族人的社会生活当中发挥着举足轻重的作用。

"翁古"

"翁古"，当地人通常又称其为"老大""格古"。"翁古"是京族人对村中德高望重的长老的尊称，这种称谓多用在正式场合。旧时的"翁古"作为一个社会组织，多由地方乡绅和村里声望比较高的老者组成。这些老者的年龄一般都在65岁以上，子孙满堂、家庭和睦。"翁古"们并不一定是有钱有势之人，但他们

正在议事的"翁古"与"翁村"

品行端正、为人正直,热心参与村里公共事务的协调与处理,愿意为当地村民主持公道。"翁古"组织的组成人员,没有数量上的明确规定,也没有固定的任期。一般说来,京族村子里的老人到了一定的年龄之后,只要德行好、与人为善,对于村众的事务有热情,都可以参与到这个相对"自由"的民间组织,为村众服务。

在传统的京族社会中,"翁古"们的社会地位是比较高的。作为长辈,京族村子的"翁古"们,通常在一些公共事务的决策上有着重要的话语权。无论是"翁村"组织成员候选人的推荐,还是"翁村"们日常工作的监督与督促,抑或是关系到本村长远发展的其他事务性工作,通常都由"翁古"们来负责或者参与策划。事实上,在包括哈节庆典各项仪式活动在内的一些重大公共事务的处理上,作为具体负责这些活动的策划者和组织者的"翁村"组织,一般都要预先将其活动计划向"翁古"们通报,经过"翁古"们集体商议同意之后才可以付诸实施。而更多的情况则

"坐蒙"的"翁古"们

是,在处理一些关系到村众切身利益的重大事项之时,"翁古"和"翁村"们往往召开联席会议,讨论商定之后然后再由"翁村"组织安排相关人员具体落实。

20世纪90年代以后,虽然京族社会仍然沿用传统"翁古"组织的一些称谓,但由于其社会职能和运行机制均已有所改变,京族人在公开场合对它们的指称,因之有了听起来似乎更加"现代"的"讲法"。在一些京族聚居的村子里,传统"翁古"组织往往被冠之以"哈亭事务委员会顾问组委会"的"单位名称",

> **知识链接** 哈亭民间顾问组委会("翁古")职责
>
> 1. 建言献策。围绕传承与保护哈亭、哈节文化的目标,履行建亭议亭、建言献策。对每年哈节和亭内所存在的困难和问题,对如何保护与传承哈节文化遗产问题,提出建设性的意见和建议。
>
> 2. 指导监督。对哈亭寺庙修建,周围环境的整治,重大的哈节活动,财务的收支等列入指导监督的课题,积极进行监督和指导。
>
> 3. 协助、参与。欲顾必须要问,调查研究是顾问谋事之基,成事之道。所以顾问成员必须深入调查研究,提高参亭议亭水平。在掌握情况的基础上,满腔热情地协助哈亭民间事务委员会搞好各项亭务工作。并积极主动地参与亭事。特别是哈节的迎神、祭神、唱哈、送神等各项活动。
>
> 沥尾哈亭民间事务委员会
二〇〇八年十月

而当地人对于这个组织的相关社会职责的表述风格，亦已变得比较"现代化"。

"翁村"

"翁村"是京族社会最为重要的传统社会组织。旧时的"翁村"组织，既是当地社会世俗事务的主要管理者，也是神圣事务的组织者。"翁村"全面负责村中各项大小事务的管理工作。无论是村里重大公共事务的处理，还是渔业捕捞纠纷的调解，山林、土地产权争议的处置，甚至于村上人家一些琐碎争执的协调，都被认为是"翁村"们的工作职责。与此同时，"翁村"还是京族民间一些神圣事务的策划者，负责组织各项重大祭祀活动。20世纪90年代以后，当地人将京族传统的"翁村"组织正式定名为"哈亭民间事务委员会"，主要负责与哈亭有关的民间事务的组织和管理。

知识链接　沥尾村哈亭民间事务委员会（"翁村"）职责

1. 领导动员哈亭民间顾问组委会成员和族内民众积极、主动参与亭事，负责办理亭庙修建、筹办哈节及其他与哈节有关的节庆事务。

2. 组织哈亭顾问组委会，村老大（"翁古"）族内民间村民代表会议，集思广益，发扬民主，献计献策，共同保护传承哈亭、哈节传统文化。组织每年一例的哈节活动。

3. 管理村哈亭文化遗产和亭内各种鼓钲迎神龙驾、香案、服装和歌乐器材等物资。严格管理哈亭财务收支等一切事务。

4. 认真实施哈节和其他惯例节日的祭祀活动，热情地做好哈节的宾客接待工作，平时还要做好接待游客和各级领导来参观指导工作。

沥尾哈亭民间事务委员会
二〇〇八年十月

哈亭

哈亭是"翁古""翁村"组织最为重要的议事场所。在京族村子的中心地带，有一种建筑被当地人认为是必不可少的，那就是哈亭。在京族人看来，一个村子到底有没有京族人居住，最重要的就是要看里面有没有哈亭。由此，哈亭——这种以唱歌为名的建筑，也就成为京族村子的标志性建筑。哈亭里供奉各路神灵以

京族"翁村"

及各姓家先的牌位，是京族村子里最为神圣的地方。哈亭同时还是"翁古""翁村"们议事的主要场所。京族"翁古""翁村"的日常生活，与普通京族老人并没有什么不同，只是每到有重要村务需要处理、重大祭祀活动要举办时才聚集在哈亭一起商议。

"翁村"制度

传统的京族社会实行"翁村制度"。这是一种被认为带有浓厚"原始民主色彩"的长老制度。"翁村"组织是这种长老制度的直接承担者，对于京族人的社会生活有着广泛而深远的影响。

京族社会的"翁村"，既是一种"职务"的指称——即"村长"，同时也是指代一种社会组织，即以"翁村"为核心成员的传统社会组织。"翁村"组织的人员构成，京族各村稍有差异，但一般都会有1位"翁村"，外加1~2位"副翁村"、1位"翁记"、3~7位"翁宽"、1位"翁磨"、1~2位"翁祝"以及其他村务管理人员。

"翁村"（村长）

"翁村"，就其本义而言，即是京族村子里的"村长"。在传

"翁祝"与"翁磨"

统的京族社会里，作为"一村之长"的"翁村"，被认为是村子里的最高领导者。由于"翁村"是由当地村民们通过民主的方式推选出来的，且不能世袭，因而京族社会的"翁村"通常有着较为广泛的民意基础。

> **知识链接　翁村**　按照京族人"祖宗传下来的规矩"，"翁村"的产生，一般需要经过"翁古"们的集体酝酿，推选出若干个候选人，然后再由"翁古"、村众们等一起商议，选出正式的"翁村"。

"翁村"一般都由年事稍高的男性村民担任，他们需要有高尚的品德和良好的人际关系，办事公正且有突出的组织领导能力，当然，还有一点或许是最重要的，那就是要熟悉传统仪式活动程序、懂得"各种各样的规矩"。"翁村"没有明确的任期，只要家里没有白事，一般都可以连任。旧时"翁村"统管全村的大小事务，有着比较"全面"的权力。在民风淳朴的京族村子，"翁村"通常是村民们最为尊崇的长者。

如今的"翁村"有了一个新称谓——"亭长"（哈亭亭长），而他们的社会职能也有所调整，即主要专注于与哈亭有关的各类民间事务的管理。在一些传统民间活动已经"正常化"的京族村子，对于包括"翁村"（亭长）在内的各类民间人士的工作职责已有比较明确的"规定"。大体而言，"翁村"的职责是负责"翁村"组织的"全面工作"，具体主要包括：协调与村民委员会等

哈节里的"翁村"与"翁磨"

京族"翁村"

其他社会组织的关系；负责哈节庆典期间各类仪式活动的组织工作；指导各位"翁祝""翁磨""司文官员"、陪祭员和"哈妹"等做好各项仪式工作。

> **知识链接** 亭长（"翁村"）职责
> 1. 主持哈亭事务委员会全面工作。
> 2. 服从各级政府领导和村民委员会对京族哈节的安排工作。
> 3. 组织哈亭民间事务委员会、顾问组委会，村老大（"翁古"）、民间村民代表会议，发扬民主，集思广益，出谋献策，共同做好哈亭、哈节和财务收支的一切事务。特别是组织好哈节的迎神、祭神、乡饮、文化艺术等活动。
> 4. 带头参与哈亭各祭拜日活动，严格遵守哈亭亭规，监督哈亭事务委员会成员，各司其职，大胆放手和依靠副职做好分工协管工作。指导香公、翁祝、司文官员、陪祭员和哈妹做好业务工作。
> 5. 热情接待来哈亭参观指导、媒体采访、敬神祭拜、旅游观光和参加哈节庆典的各界人士。

"副翁村"

"副翁村"，是"翁村"的助手。因为"翁村"如今又称为"亭长"，"副翁村"自然也就成为"副亭长"。对于京族人来说，所谓的"副翁村"，其实是一种"新讲法"，因为旧时京族各村的"翁村"组织是很少设立这个职位的。设立这样一个职位，主要是考虑到随着地方经济与社会的发展，"翁村"负责处理的事务

▲ 走在迎神队伍前面的正、副"翁村"们

日趋繁杂，需要更多得力人手的协助。与"翁村"一样，"副翁村"的产生，通常也需要经由"翁古"和村众们的推选。而对于参选的"副翁村"，个人的品行和工作能力往往备受京族村民关注。按照当地的"规矩"，"副翁村"（副亭长）在民间事务工作上，要接受"翁村"（亭长）的直接领导。

在一些京族村子的"翁村"组织当中，"副翁村"又分为"内务副翁村"（副亭长）和"外务副翁村"（副亭长）两个职位，其职责是在"翁村"的领导下，做好哈亭的内部事务管理和"对外交流"工作。具体而言，"内务副翁村"主要负责各种礼服、锦旗、锣鼓、龙驾、香案驾等仪式用具、用品的日常保管工作，培训、培养各类"司文官员""陪祭员""哈妹"。哈节期间，"内务副翁村"要在"翁村"的指导下，做好各项祭祀活动的组织、协调工作。而对于"外务副翁村"来说，多方联络、引见社会各界人士及单位，做好募捐以及慈善工作，洽谈、采购各类物资等，则是其主要的日常工作。在哈节期间，"外务副翁村"的主要任务，是负责接待前来参加庆典活动的外村（地）客人。在哈亭事务的处理上，两位"副翁村"既有分工，又有合作。

第三章 "翁"的村落 053

祭神仪式中的京族长老

> **知识链接**
>
> **内务副亭长（"副翁村"）职责**
>
> 1. 受亭长直接领导，协助亭长做好分管工作。履行"媒役"（理事）的职能，协助亭长处理具体事务。
> 2. 组织指导司文官员、陪祭员、哈妹的哈节祭神、唱哈娱神活动。
> 3. 负责召集司文官员、陪祭员、哈妹的培训工作。
> 4. 保管亭内礼服、锦旗、锣鼓、龙驾、香案驾等物资和功德箱钥匙。
> 5. 热情接待参亭祭神的村老大和来亭参拜、敬神烧香的人士。
>
> **外务副亭长（"副翁村"）职责**
>
> 1. 受亭长直接领导，协助亭长做好分管工作。履行"媒役"（理事）的职能，协助亭长处理具体事务。
> 2. 积极引进各界人士及单位资助哈亭慈善事业。
> 3. 负责亭庙的维修建设和哈亭采购业务。
> 4. 精通交往礼节，热情接待参观、采访、旅游观光团人员。
> 5. 哈节期间，负责后勤工作，接待领导、来宾和外国友人就餐住宿等。

越南客人

"翁记"

"翁记"，又称"文记""文书"，是"翁村"组织的书记员和财务管理人员。传统京族社会的"翁记"，一般由年纪相对较轻，待人热情、办事认真的村民担任。"翁记"通常由"翁村"

▸ 仪式中的京族长老

组织的主要负责人提名,由"村老大"(翁古)讨论通过之后正式任命。"翁记"平常的工作,主要是负责"翁村"组织各类文书的撰写、保管以及财务管理工作。哈节期间,"翁记"除了负责各项活动费用的收支管理之外,还要协助"翁村""副翁村"安排各项仪式活动,联络并接待各方宾客。

> **知识链接** 财务人员("翁记")职责
>
> 1. 接受亭长、副亭长的领导,履行"翁记"的职能,负责哈亭中的文书、账簿、财务的会计、出纳工作。
> 2. 熟悉财务专业知识,广开增收财路,努力发展哈亭慈善事业。
> 3. 严格执行收支制度,节约开支,反对铺张浪费。祭神日需开支的数额要正、副亭长讨论决定。其他一切开支,包括哈亭领导人的补贴提请哈亭事务委员会议讨论决定(补贴标准另附页)。会计、出纳员账目要清楚,做到日清月结。每年制作一次会计报表送正负亭长审核,并定期公布收支情况。
> 4. 哈亭收入现款要严格管理保存,除留下500元备用以外,其余现金全部存款。不许截留挪用。存款利息半年或一年算,将利息收入凭证交给会计员登记入账。

"翁宽"

"翁宽"，是京族村寨的护林人。京族地区海风频发，当地人素来重视树林的防风作用，一般不轻易砍伐树林，并形成了许多育林、护林的"规矩"。而传统的"翁村"组织也为此进行了"具体安排"，专门设立负责保护树林的"岗位"——"翁宽"来执行这些"规矩"。"翁宽"一般有正、副"翁宽"各一人，其他"翁宽"成员3~5人。"翁宽"由"翁古""翁村"推举，经由本村村众商议之后确定正式人选。"翁宽"的各位成员，要求有强烈的责任心，办事讲"规矩"，不计个人得失。旧时的"翁宽"，接受"翁村"的领导，一般是一年一任，可以连任。新中国成立以后，由于"翁村"组织的社会职能发生变化，护林工作主要由村民委员会承担，曾经作为一个社会组织机构的"翁宽"，开始淡出京族人的社会生活。而在20世纪80年代以后各村设立的"哈亭民间事务委员会"当中，也没有设置"翁宽"的"职位"。

"翁祝"

"翁祝"，是京族民间重大祭祀活动的祭文撰写者和诵读者。"翁祝"熟悉京族民间文字——"喃字"，被认为是京族村子里的"文化人"。"翁祝"一般由"翁古""翁村"组织的主要成员推举产生，在"翁村"的领导下执行各项仪式任务。成为"翁祝"最基本的要求，就是能够熟练使用"喃字"。在京族人看来，"翁祝"必须要"有文化"，认得"喃字"和"儒字"（汉字），熟知京族民间仪式活动的"规矩"。此外，"翁祝"还必须是人品好、脾气好、身体好的人，且家里没有

正在主持仪式的"翁祝"

"白事"。

传统京族社会的"翁祝",一般都是"师傅"(道公)出身,拥有一定的"级别"(如"三星上将""五星上将"等)和"法力",能够调动数量不等的"兵力"。"翁祝"平时如同普通京族长者一样生活,只是遇到村里人家"有事"的时候,会主持或者参与一些与之相关的"法事"。"翁祝"在哈节期间以及其他"民间事务活动"中所用到的地方性"文化知识",主要来自其"师傅"的言传身教,再加上自己在各种传统"民间事务活动"中的不断摸索和积累。哈节期间,"翁祝"的主要任务,就是为在哈亭里举行的各项重大祭祀活动撰写并诵读"祝文"。除此之外,"翁祝"在仪式活动之余,通常也参与纸旗、纸船、纸马、纸灯等祭祀用品的制作。

> **知识链接** 翁祝(读祝文人)职责
> 1. 负责哈亭中大的节庆中撰写、宣读祭文。
> 2. 撰写祭文时,做到准确无误。先是撰写参祭"老大"名单,要经事务委员会和顾问会议决定后编写入祭文。后是被准许加入左昭、右穆祖先神位的有功者、买厚者和所谓圣神需要者名单,要核正准确。
> 3. 协助亭委会领导,做好亭内业务工作,包括祭神的纸旗、纸马、纸船、纸灯等业务工作。
> 4. 配合香公一起做好哈亭大小节庆的祷告祭拜事务和备好金银纸宝等事宜。

"翁磨"

"翁磨",是专门为哈亭各位"圣神"上香之人,当地人又称其为"香公"。相对于京族"翁村"组织中其他成员而言,"翁磨"这个重要"岗位"的确定最具神秘色彩。按照京族人的"规矩","翁磨"候选人必须是年龄在60~70岁之间的本村男性村民,要求本人"身体健康,头脑清醒,思维清晰,夫妻健在,有子有孙,无孝在身"。

"翁磨"任期,通常以是否"有孝在身"来确定。即一旦家里有"白事","翁磨"就需要立刻卸任。而当前任"翁磨"卸任之后,"翁村"要召集"翁古""翁村"组织的各位成员开会商议,在充分尊重当事人意愿的前提之下,推选出符合条件的若干

"翁磨"

位"翁磨"候选人。随后，这些候选人需要依照当地传统，由"圣神"对他们进行"挑选"，也就是通过在哈亭众位"圣神"的牌位前，以"卜珓杯"的方式，让"圣神"来决定最后的当选者。当地人把这种做法称为所谓的"阴选"。"阴选"的具体做法是，"翁磨"候选人轮流面向"圣神"的牌位抛掷一对当地人专用的"法器"——珓杯，如果候选人连续三次抛掷都是一阴一阳，即所谓的"胜珓"，就被认为是"圣神"选定之人正式当选。

"翁磨"的日常工作，是负责哈亭以及村里各个大小庙宇的管理，并定期（一般是每月初一、十五两日）为各位"圣神"上香、祈福。作为哈亭最为重要的看护者，"翁磨"不仅要在节庆之日主持各类祭祀、祷告事务，还要为哈亭以及村里的主要庙宇打扫卫生，接待前来哈亭参观的各界人士。而在"业务工作"之余，辛勤的"翁磨"还要协助保管各种祭拜礼服、器具，管好哈亭里的"功德箱"，备办祭神所用的香火和"金银纸宝"等。"翁磨"是哈节庆典最为重要的参与者。在哈节期间，"翁磨"要全程参与在哈亭里举行的各项祭祀仪式，定时为各位"圣神"进香，并主持各类祷告、祭拜等活动。

> **知识链接** 香公（"翁磨"）职责
> 1. 负责亭庙的日常管理及与哈亭有关大小节庆祭祀祷告事务。每月的月中不过，月末日到亭庙烧香。在哈亭各种祭祀仪式进香，主持祷告祭拜。
> 2. 负责购买祭神香火等物品，剪切备好纸服、纸宝等祭品。
> 3. 打扫亭庙的卫生清洁，协助内务副亭长管好祭拜礼服等。
> 4. 平日要热情接待来哈亭参观、采访、旅游和参拜人士，包括外国友人。认真介绍京族哈亭、哈节传统文化。
> 5. 各界人士资助功德款，全部投入功德箱。香公不管功德箱钥锁。

"翁村"的"村众"

京族村子的日常事务处理以及重大祭祀活动的安排，虽然主要由"翁古""翁村"们负责安排，但也需要当地村民的配合与支持。各级"司文官员""哈头""桃姑"，作为"翁村"领导下的"工作人员"，是各项村务活动的重要参与者。

迎神仪式中的京族"村众"

"司文官员"

所谓的"司文官员"，指的是在哈节庆典以及其他重大祭祀仪式活动期间"担任"各种"职务"的京族村民。"司文官员"一般包括"通唱""副通唱""东引唱""西引唱""主祭""献酒员"、鼓手、钲手、乐手等"官员"。"司文官员"多为京族民间事务的拥趸，熟悉哈节祭祀活动的仪式程序，且"无孝在身"。参加哈节祭祀仪式活动的各位"司文官员"，由"哈亭民间事务委员会"推举产生，一年一任，无孝在身者可以连任。

"通唱""引唱""主祭"等"司文官员"，通常由老成持重的中老年男性村民担任，这些村民热心参与哈节庆典期间的各项民间事务，经历过多次祭祀活动，对哈节祭祀活动的仪式程序较为熟悉，且声音洪亮，举止端庄，在村民当中有较高威望。

"司文官员" ▶

"献酒员"主要由中青年村民组成,亦为男性,一般有6人。尊重长辈、听话、勤快、手脚灵活等,是京族"老大"们选定"献酒员"时所考虑的重要条件。事实上,一些"翁村"组织的核心成员以及"通唱""引唱""主祭"等哈节民间仪式活动的主要组织者,年轻之时大多都做过"献酒员"。

哈节期间,"司文官员"要服从"亭长""副亭长"的"领导"和"指挥",认真"做好祭神文化的神圣事务"。根据一些"哈亭亭规"的规定,"司文官员"的主要职责,是与"翁祝""翁巫""陪祭员"一起,严格按照传统的哈节仪式程序,紧张有序地完成祭祀任务。祭祀过程中,"通唱""引唱"宣唱号令词时,要做到"准确、清楚",而包括"主祭""献酒员"在内的"执事者",则要"耳目聆听、依照从事",并且要神情严肃(行祭)、"步伐整齐"。

> **知识链接** 司文官员职责
>
> 1. 服从亭长、副亭长的领导和指挥,有爱乡爱教精神,热心做好祭神文化的神圣事务。
> 2. 各司其职,严肃负责,努力完满地做好各自的任务。
> 3. 通唱和引唱司官宣唱要准确清楚,执事者仔细聆听,依照从事。
> 4. 严格遵循传统祭神程序,行祭时要端庄严肃、步伐整齐一致,按祭祀礼仪行事。

"桃姑"

"桃姑",是京族人对于"哈妹"的一种比较正式的称谓。作为京族哈节不可或缺的歌者,"桃姑"担负着哈节期间最为重要的唱哈任务。除了在祭神仪式中以唱哈的方式"请神""贺神"之外,在哈节期间的每天晚上,"桃姑"们还要在哈亭里为京族村民演唱传统的"哈歌"。"桃姑"多为年龄在25岁以上的京族已婚女子。在正式登堂演唱之前,往往经过较长时间的专门训练。新中国成立以前,京族地区"桃姑"的唱哈技艺,大多师从越南万柱等地的专业"桃姑",而她们唱哈所用到的各种"唱词""歌本"甚至服饰、道具等等,也主要从越南师傅那里引进。

▸ 京族"桃姑"

20世纪五六十年代以后,京族各地的哈节庆典受到不同程度的限制,哈亭里"正式的"唱哈活动迅速减少,绝大多数的"桃姑"们开始"转行",以致各式"唱词"、歌本流失。20世纪80年代中期京族哈节恢复举办之时,有能力在哈亭里唱哈的京族"桃姑"已经寥寥无几。然而哈节不能没有"桃姑"唱哈,因此每年京族各村临到哈节之时,都要通过各种"关系"从越南方面请来"桃姑"。90年代末,在地方政府的支持和帮助下,一些京族民间人士开始收集、整理、编写哈节所用到的各类"唱词""歌书",并通

▸ 京族"桃姑"

过举办各种京族传统知识培训班，着手培养自己的"桃姑"。进入21世纪以后，"有知识、有文化""能唱会跳"的新一代京族"桃姑"逐渐成长。

如同京族传统文化的其他传承者一样，"桃姑"们平时依然从事正常的生产活动，只是在闲暇之时集中演练唱哈技艺，到了哈节之后再到各村哈亭为各位圣神和京族村民们献唱。虽然在某种意义上讲，"桃姑"们属于自由职业者，但她们的唱哈活动，还是要遵守当地的一些"规矩"。一些地区在其"哈亭亭规"中，甚至对"桃姑"们的工作职责提出了明确要求。比如，"桃姑"们要"具有民族宗教信仰的忠诚信念和传承民族文化的奉献精神"；要服从"哈亭民间事务委员会"的领导和指挥，严格遵守唱哈的时间安排，准时到哈亭唱哈；要熟练掌握各类哈节"唱词"和娱神舞蹈；熟悉哈节期间敬琼浆、敬酒歌词，热情祝福来亭参席（坐桌）的来宾贵客等。

▲

京族"桃姑"

> **知识链接** 哈妹（"桃姑"）职责
> 1. 服从哈亭事务委员会的领导和指挥，严格遵守唱哈的时间安排，按时到亭。
> 2. 要具有民族宗教信仰的忠诚信念和传承民族文化的奉献精神。
> 3. 要熟悉唱哈歌词和娱神舞蹈。
> 4. 要熟悉哈节琼浆、敬酒歌词，热情祝福来亭参席（坐桌）主宾贵客。

"哈头"

"哈头"，又称"陪祭员"，是京族哈节各项祭祀活动的重要参与者。虽然在很多人看来，"陪祭员"在祭神仪式过程中似乎只是陪着"翁祝""翁磨"以及"司文官员"一起祭神，但是作为京族社会的普通成员，他们担负着许多不为外人所意识到的社会性义务工作。

按照京族人的传统，每年哈节各村都要由"翁古""翁村"们从本村已经"入簿（入席）"的成年男子中选派8位以上20~50岁无孝在身的村民参加各项庆典的"陪祭"活动。"陪祭"被认为是京族成年男子的一项"神圣义务"，被轮值到的当选者（"哈头"）如果没有极其特殊的原因，一般是不能推辞的。

"哈头"

京族各村的"哈头",大多是按照入席村众在"乡饮簿"(花名册)上的顺序轮值。"哈头"们的主要职责,是在哈节期间承担各项"奉神事务",包括迎神之时护送銮车龙驾、香案驾,陪同祭祀圣神及各姓家先,备办各种祭品等等。而在平时,则要在"翁村"的统领之下,负责哈亭各个大小庆典所需要用到的祭拜物品的采购和其他后勤保障工作。除此之外,旧时的京族"哈头",每人(户)还要养一头猪以备哈节祭神之用,并且向哈亭提供糯米、酒、香烛、草席等物品,为哈节期间"坐蒙"所用。

每届"哈头"的任期为一年,一般不连任。京族各村大多会在哈节最后一天的"坐蒙"仪式上举行新旧"陪祭员"的交接班仪式。交接班时,先由旧"哈头长"宣唱辞席"监呈词",然后再由新任"哈头长"宣唱新任"请呈词"。哈节结束后的第二天,是欢迎新"陪祭员"上任的"新贺日"。这一天的上午,所

"哈头" ▶

有新上任的"陪祭员",要齐聚哈亭,一起打扫卫生,然后带上糖果饼干等祭品,与"翁村"组织的成员、"哈妹"等,分头到村里的大小庙宇里去祭拜各方神灵,告知其"上任"之事,并祈求神灵保佑村人在新的一年里老少平安、诸事顺利。

> **知识链接　陪祭员职责**
> 1. 服从哈亭事务委员会的领导、指挥和安排工作,承担年内奉神事务,特别是哈节的布亭等一切准备工作。
> 2. 负责哈亭大小节庆购置祭拜物品和后勤保障工作。
> 3. 哈节迎神时负责抬銮车龙驾和香案驾方队。
> 4. 认真做好每次庆典祭神的陪祭事务。

"村众"

京族人通常把"翁村"所"管辖"的村民称为"村众"。由于参与"翁村"组织活动的村民多是京族村子里的成年男子,因而所谓的"村众"更主要的是指已经"入簿"(入席哈亭)的男性村民。按照京族人的传统,年满16岁的本村男子,如果没有不良品行,在得到"翁古""翁村"的许可之后,可以"入簿"(哈亭)成为正式的"村丁",进而获得参与村里各项重大活动的资格。京族人的所谓"入簿",从表面上看是一种"村众"资格的获得,但实际上却意味着一种当地男子不可或缺的社会身份的确立。

对于京族男子来说,"村众"作为一种重要的社会身份,只有在当事人"入簿"并有了明确的"辈分"之后,才具有现实意义。而这种社会身份,必须得到"翁古"们的"确定"。传统的京族社会,是一个"讲究辈分"的社会。村里的"老大"——"翁古",虽然没有直接管理村务的权力,但对于村里

哈节庆典的京族"村众"

人"入簿"资格的确定,却有着相当大的话语权。

"入簿"之后"村众",可以参加村里举办的各项正式活动,同时也必须履行作为"村众"的相关义务。"村众"要服从"翁村"组织的领导,尊敬长辈、诚实做人、信守"规矩",要严格遵守村规民约,不能有任何违反伦理道德的行为。哈节期间,对于"翁村"组织安排的各项"工作任务","村众"们都必须不折不扣地去完成,"不能讲价"。

"翁村"的后继者

20世纪80年代以后,为了加强对哈亭以及哈节庆典事务的管理,京族各村在传统"翁村"组织的基础上,陆续成立了

京族少年

沥尾村村民委员会

"哈亭民间事务委员会"。"哈亭民间事务委员会"的社会功能,与"翁村"组织大致相同,只是在"名堂"上更加符合"社会发展的需要"而已。"哈亭民间事务委员会"的"委员",包括亭长("翁村")、副亭长("副翁村")、名誉亭长、"翁磨""翁祝"、会计、出纳等。其中,亭长、副亭长、会计、出纳等成员由民间村民代表选举产生。根据各村形成的"新惯例",

"哈亭民间事务委员会"要接受当地村民委员会的领导，按照哈亭的"亭规"管理村里的各个大小节日庆典，并具体处理与哈亭有关的其他事务。

> **知识链接** **名誉亭长职责**
> 1. 协助亭长管理哈亭内部事务。
> 2. 指导哈亭内务副亭长搞好祀神祭祖活动。
> 3. 保护和传承哈亭文化遗产，做好哈节文化传承人的代表。
> 4. 组织哈节期间京族民歌会。

第四章
渔家人的习俗

京族人的传统习俗，弥漫着浓郁的海洋生活气息。绚丽多姿的传统服饰、"海味"十足的饮食习惯、简约闲适的传统民居、丰富多彩的民间庆典以及独特的婚丧嫁娶习俗，构建了京族人独树一帜的民族传统文化。

京族哈节

潮涨潮退不离海，风吹云走不离天；
大路不断牛脚印，海上不断钓鱼船。

——《海上不断钓鱼船》

"漂洋过海"而来的京族人，在长期的社会生活当中，形成了与其海洋生活相适应的众多生产、生活习俗。这些独特的风俗习惯，不仅弥漫着浓厚的海洋生活气息，更因其所蕴含的丰富的历史文化内涵而为当地社会所瞩目。长久以来，京族人执着于民族文化的保护与传承，一些传统习俗的保持相对完好。

"原始社会"的"遗风"

传统的京族社会，在相当程度上是一个自给自足的社会。特殊的地理环境，使当地人与外界的交流相对较少，其经济与社会发展的路径也与其他地区稍有差异。一些被认为有原始社会印记的"遗风"，如所谓的"低嗨""寄赖"等，也因之有所保留。

"渔箔"

在一些京族渔村，如山心、巫头等，有利用渔箔进行渔业生产的传统。20世纪50年代以前，当地曾经盛行一种与渔箔捕鱼密切相关的传统生产习俗——"低嗨"。所谓"低嗨"，是京族语的音译，直译是"去海那里"的意思，也就是"巡海捡鱼"之意，泛指当地渔民在海水退潮时到渔箔里打捞鱼虾蟹。旧时京族人家的家庭经济实力大多比较有限，单个家户往往难以承担修建、维护大型渔箔所需要的各种费用，因而当时的渔箔通常都由几户甚至十几户人家共同投资修建、轮流经营。"低嗨"作为京族人的一种传统生产习俗，是这种渔箔经营方式的衍生物。

◀ 村众"拼起来"的餐桌

旧时京族人的"低嗨"，大致有四种方式：

自主"低嗨" 自家有"箔地"（渔箔）、自主经营。这种"低嗨"方式投入大、风险大，以此为业的人家在20世纪80年代以前比较少见。

轮流"低嗨" 与其他人家共同修建有"箔地"，每年轮流"低嗨"。没有轮值的人家需要出工、出力，他们的工钱由"轮值"到的箔主负责支付。

租箔"低嗨" 自家无"箔地"或者家里劳动力比较多，租用其他人家的"箔地"。

帮人"低嗨" 自家无"箔地"，也没有租用其他人家的"箔地"，靠帮人"低嗨"为生。

"寄赖"

旧时京族人对于"做海"所捕获到的渔产，有"见者有份"的传统，这种传统被当地人称为"寄赖"。每当京族人家在海上塞网捕鱼，路过见到的当地人可以到塞网内捕捉少量鱼虾，主人

◀ 收购海螺

一般都不会阻拦。而当有京族人家从海上捕鱼回来，见到的人也可以到船上"寄赖"几条鱼以备自家食用。京族人看来，"寄赖"不仅仅是对劳动成果的一种分享，同时也寓意着一种"丰收"和"幸福"。被"寄赖"的东西越多，预示着未来渔业生产的收成会越好。因此，"寄赖"，尤其是被"寄赖"，对于京族人来说是一件非常光彩的事。当然，纯朴善良的京族人在"寄赖"的时候都会很自觉，一般都不会多拿多要，只图有份即可。尽管如今京族人的社会生活已经发生巨大变化，但当地人的这种"寄赖"传统仍然得到一定程度的保持。而"寄赖"也不再仅限于"寄赖"鱼产品，甚至于一些农副产品，常常也是可以"寄赖"的。

渔民们的衣食住行

在京族三岛地区定居以后的500多年间，京族人传统的生活习俗，大多得到较为完整的保持。而京族人的"民族特点"，也因为这些独特的传统习俗而彰显。

传统服饰

长期以来，京族人与当地其他兄弟民族多有经济与文化上的

盛装的京族"哈妹"

交流，其传统服饰在设计风格上除与其自在的生产、生活方式有着密切的关联之外，还在一定程度上受到汉、壮族传统文化的影响，其中又以汉文化的影响最为明显。或许是因此之故，在1949年以前的京族地区，当地人称其传统服装为所谓的"唐装衫（裤）"。由于生产技术、市场供给以及家庭经济状况等诸多方面的原因，旧时京族人的服装在颜色、面料的选择上往往没有过多的讲究，服装的款式相对单一。而在做工方面，则多为手工缝制。

在颜色方面，京族人的传统服装通常以黑、蓝、红、白色为主，且多为净色。男装的颜色一般都是黑色和蓝色，女装则以红色和白色为主。而在服装的面料方面，传统上以棉布为主，只有少数富裕人家的女子才有条件穿着丝绸面料的服装。20世纪80年代以来，随着地方经济的发展以及文化交流的日益增强，京族传统服装融入了越来越多的现代性元素。除了传统的黑、蓝、红、白色之外，一些浅色调的服装也开始出现。粉红色、淡黄色的女

京族传统
男装

装，以及淡蓝色、浅青色的男服，近年来逐渐成为备受青睐的哈节庆典礼服。而在用料和做工方面，目前普遍采用柔软的丝绸或者化纤面料，且多为机器纺织品。

在款式方面，京族人的传统服装，有日常服装和节日盛装（当地人亦称其为礼服）之分。京族传统的日常服装则呈现出明显的海洋生活特点。京族地区的气候为亚热带海洋气候，天气炎热，"四季如夏"，以海洋捕捞作为其主要生计来源的京族人，其日常的衣着往往比较注重轻便、凉快。京族女子平时外出劳作之时，一般都是头戴尖顶斗笠，身穿浅色、无领的对襟长衫以防日晒。而为了便于下海作业，当地女子大多喜欢穿着宽大的长裤，穿拖鞋甚至于赤脚。京族男子的日常穿着，则似乎更加无拘无束。当地男子在劳作之时的打扮，多是头戴斗笠，身着对襟的短上衣，下身着短裤或者长裤，一些人为了省事，在出海劳作时甚至干脆赤脚。20世纪90年代以后，依然穿着传统服装（日常服装）的京族人往往仅限于一些年老的妇女，更多的人平日里似乎更愿意穿着工业化生产的、款式更为多样的现代服装，而当地人的日常服饰与周边地区城乡居民的服饰目前已经比较接近。

与其平淡无奇的日常着装相比，京族人在哈节期间所穿着的传统节日盛装，无疑是华丽的，而且具有鲜明的民族特色。京族人的节日盛装通常包括礼帽和礼服。京族男子的礼帽有两种。年长者的礼帽是一种以黑纱包裹制作而成的圆形头箍，而普通京族成年男子的礼帽，则是用棉布或者绸缎做成的方角帽，这种礼帽多为蓝色或者黑色。男子的礼服，是用布或者纱做成的长及膝盖

盛装的京族少女

的长袍外套，颜色主要有黑、红（粉红）、蓝、青等。一般而言，年长者或者社会地位较高的人，其所戴的礼帽以及所穿着的礼服多以黑色为主。而在哈节祭神之时，"翁磨"的着装通常为黑礼帽（头箍）、黑礼服，"翁祝"为黑、蓝色礼帽（头箍）配以黑、蓝、青色礼服，"主祭"为红礼帽（方角帽）、红礼服，其他"司文人员"则为蓝礼帽（方角帽）、蓝礼服，"陪祭员"通常只穿蓝色或者绿色礼服、不戴帽。

京族女子的节日盛装亦为礼帽（头箍）配以礼服，但其颜色一般都比较鲜艳，常见的颜色主要有红色（深红、大红、暗红、粉红）、蓝色（深蓝、浅蓝）和紫色。京族女子的礼服被当地人称为"奥黛"（Ao Dai）。这种富有民族特色的礼服通常用柔软、轻薄的丝绸或者布料做成，其款式与中国传统旗袍有诸多相似之处，一般都是高（竖）领、长袖，上半部分贴身，腰部两侧开有裙衩，下半部分为自然飘逸的长裙摆。京族女子穿着礼服时，一般都配以白色或者花色的长裤。而在出席一些户外的庆典活动之时，也有一些京族女子（尤其是青年女子）常以斗笠作为礼帽。

五彩缤纷的京族哈节，对于京族人而言，不仅意味着一场"哈"与"食"的狂欢，同时也是展示其传统服饰文化的重要场合。事实上，在哈节庆典的各项仪式活动中，无论是端庄持重的男装，还是艳丽多姿的女装，都是一道引人注目的绚丽风景。在哈节期间，参加祭祀的"翁磨""翁祝""司文人员""陪祭员"以及"桃姑"等人，必须身着京族传统礼服，而"翁村"组织的其他成员以及一些有身份的村民，通常也被要求穿着京族人的"民族服装"，以更好地显示京族人的民族特点。京族人鲜艳而华丽的民族传统服装，在迎神、祭神等仪式活动当中得到尤为集中的展现，并为京族哈节举族同欢的喜庆气氛增添浓彩重抹的一笔。

传统美食

长久以来，勤劳智慧的京族人依凭京族三岛附近海域丰富的渔业资源，过着一种"靠海吃海"的生活，其生计方式、风俗习惯和民间信仰体系，弥漫着浓郁的海洋生活气息。尤其是在饮食方面，几乎无处不流露出大海的"味道"，一些地方传统美食独具民族特色。

京族传统美食

用新鲜的鱼、虾、蟹、螺烹制的各式菜肴，是京族人逢年过节必不可少的美味。京族人家大多喜欢用蒸煮的方式来烹制海鲜。用这种方法做出来的海鲜，肉质鲜嫩爽口，百吃不腻。京族人家对于海鲜的喜爱，似乎是与生俱来的。在京族人一日三餐的"食作"当中，海鲜是其中最为主要的菜肴。而若是到了过节或者招待客人，三五样海鲜则是无论如何都少不了的。清蒸鱼、白灼虾、清煮蟹、酸炒螺，这些京族人家的特色菜肴，是各类大小宴席上的寻常之物。此外，白切鸡作为京族地区的传统"大菜"，也是京族人家十分看重的美食，是故当地人有"无鸡不成宴"之说。

京族传统美食——白灼虾

地方风味的红薯粥、米粉丝等，作为京族人最为传统的主食，既是一种难得的佳肴，同时也铭记着京族人的苦难与艰辛。红薯粥，当地人又称"番薯粥"，是一种用大米和红薯干（片）熬煮而成的杂粮米粥。旧时京族人家缺少大米，时常以当地盛产的红薯干充当主粮，于是就有了番薯粥这道颇具民族特色的主食。虽然20世纪90年代以后京族人的物质生活水平已得到极大提高，但仍然有不少人对传统的番薯粥青睐有加。米粉丝，是京族人家用来招待客人的上等主食。京族米粉丝的做法稍显复杂。一般的做法是，先将当地出产的米粉干用温水浸泡使其变得柔软，然后

▲
炒米粉

放进烧热的油锅里进行爆炒，配以瘦肉、海鲜、香葱等佐料，炒至水干油亮之后再出锅。出锅后的米粉丝晶莹剔透、香气四溢，闻者时常因之胃口大开。

风吹饼是旧时京族人用来招待各方客人的上佳点心。传统的京族风吹饼以糯米为主要制作原料，再加入一定比例的

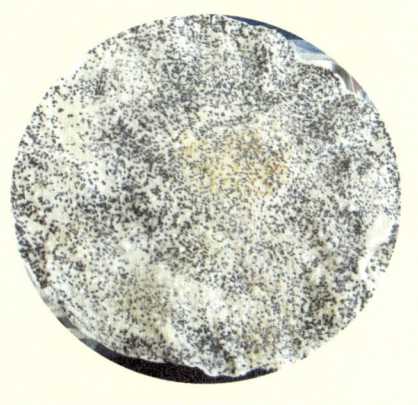

京族传统美食——风吹饼

籼米以调节其松软度。风吹饼的外观呈圆饼状,直径50厘米左右,饼质薄而脆硬,因为"轻得连风都可以吹动"而得名。制作风吹饼时,先把大米磨成浓稠的米浆,然后舀进木质或铝质托盘,放入热锅里蒸成薄饼膜,待饼成型之后在上面撒上芝麻等配料,晾干后再用炭火烘烤。烘烤好的风吹饼可以直接当零食吃,也可以放在油锅里炸过后再吃。油炸过的风吹饼更为爽脆,是当地人极其喜欢的下酒菜。由于风吹饼的制作时间稍长、制作过程相对繁杂,京族人家大多倾向于到专门生产此类副食品的手工作坊购买,而较少自家制作。

京族传统美食——鲶汁(图片由陈凤梅提供)

鱼露,俗称"鲶汁",是最具京族特色的传统调味品。对于京族人家来说,无论是种类繁多的海鲜,还是肥美的白切鸡,抑或是来自外地的牛羊肉,若是没有鲶汁调味,都不能称其为美食。一些京族人家,甚至在炒青菜、煮汤时,都要加入少量鲶汁进行调味。鲶汁主要由当地的手工作坊生产,其生产工艺目前已被列入广西非物质文化遗产名录。鲶汁的加工方法,一般是把当地人在浅海作业时捕捞到的不便直接食用的小仔鱼,先用海盐拌匀,再一层鱼、一层盐交替叠放进一个底部垫有稻草、留有导汁口的大瓷缸,然后把瓷缸密封,顶部用石块压紧。一年以后,打开瓷缸底部的漏管,把腌制成的鲶汁导流出来,对其进行过滤之后即可食用。

> **知识链接** **鲶汁** 京族人家根据加工工序和品质上的差异,把鲶汁分为三等,也就是所谓的"头漏汁""二漏汁"和"三漏汁"。"头漏汁"一般呈橙红色,是第一批滤出的鲶汁,这种鲶汁色、香、味俱全,是鲶汁中的极品。取完"头漏汁"之后,再把缸中的鱼渣取出,加水煮沸后放回继续腌制一段时间,此后流出的鱼汁为"二漏汁",呈黄色,其色、香、味均无法与"头漏汁"相提并论。"三漏汁"的做法与"二漏汁"大致相似,只是其品质更为逊色一些。

随着地方经济的快速发展以及文化交流的日益频繁,近年来京族人的饮食方式已开始发生一些变化,但传统的京族美食在当地人的节庆生活当中仍然扮演着重要角色。与此同时,一些风味独特的传统美食,如鲶汁、米粉丝等,开始得到越来越多其他地区、其他民族的人们的喜爱,并被视为京族饮食文化的重要象征。

传统住屋

京族人家聚族而居,其传统住宅带有鲜明的海洋生活特色。当地人家的住屋大多选择村里地势稍高的地方建造。旧时最为常见的住屋是三间开的木屋,中间的一间为堂屋,两边的厢房住人。木屋的地板,一般要高出地面一尺左右,这主要是出于防潮方面的考虑——京族聚居的村子靠近海边,海拔比较低,湿度大。京族传统木屋的面积不大,每间屋子的长(深)度、宽度均为一丈左右,高六七尺。木屋四周的墙壁用木板或者竹篱围成,地板则用石块或砖块垫高并以木板铺就。木屋的屋顶为"人"字形,中间为屋梁,两边用木板条架成,再盖上瓦片或者茅草。为了防风,当地人通常还在屋顶的周边以及关键部位用石块压实。京族人家通常会在住屋的前面围成一个院子,在侧边加盖几间小屋以作厨房、杂物间之用,并在院子里的空地上栽种一些果树,厕所则在屋后修建。有条件的人家,还会在院子前面挖一口小水塘,放养一些鱼、鸭以备不时之需。

◀ 传统京族人家的庭院

旧时的京族人家,一般都是一户一院。京族男子结婚生子之后,通常会在父母居所附近另辟一处修建自己的住屋,平日里各

第四章 渔家人的习俗

传统京族人家的庭院 ▶

现代京族民居 ▶

自过着自己的生活，逢年过节之时再阖家团聚。京族人的家庭生活虽然简朴，但绝大多数的人家父慈子孝、兄弟姐妹和睦相处。按照京族人家的传统，父母亲通常会与年纪最小的儿子一起生活，而其年老之后的生活，也主要由小儿子负责打理。上了一定年纪、不能出海捕鱼的京族老人，大多会从事一些力所能及的农业生产活动，并照顾自己子孙的生活。京族老人一般都得到较好的赡养。在京族人看来，赡养老人是子女们，尤其是儿子义不容辞的责任。

随着生活水平的提高以及现代建筑技术的广泛应用，京族人的居住条件不断改善。20世纪50年代以后，屋体更稳固、居住更舒适的石条瓦房开始逐渐取代京族传统的木板房。所谓的石条瓦房，即是墙体用石条砌成、屋顶用瓦片铺盖的平房。虽然在庭院布局、房屋结构上与传统住屋大致相似，但由于采用了新的建筑材料，石条瓦房的建筑质量显著提升，而住屋的面积也随之有了较大幅度的增加。80年代以后，仍然居住传统木屋的京族人家已经不多见，大部分人都住上了石条瓦房，一些家庭经济状况较好的人家，则开始用钢筋水泥修建自家的"洋房"了。

传统交通工具

竹排和木船是京族人最为传统的交通工具。当然，这两种交通工具的主要作用，是为了出海捕鱼，因此视之为一般意义上的生产工具也未尝不可。旧时京族人家生产或者外出时使用的竹排，长约两丈五尺，宽三四尺，载重量一吨左右。这种竹排结构简单，主体用十余根口径三至五寸的楠竹扎成，两侧分别用四五根竹子扎成船（排）帮，中间架上若干条木杠以加固船体。船体修造工艺稍为复杂，一般是先架起木船的龙骨，然后用木板钉成船体、甲板等，再做防水处理。旧时也有一些家境较好的京族人家修造或者购置木船以作渔业生产之用，但由于木船的造价相对较高，多数人家更倾向于选用竹排。

20世纪70年代以前，京族人往来大陆与各岛之间没有现成的陆路可走，竹排几乎成为当地人唯一可以凭借的交通工具。旧时京族人家的竹排主要依靠风力、人力航行，对航行条件要求不高，因而深得当地人喜爱。即便是到了20世纪90年代，富裕起来的京族人，也仍然对竹排情有独钟。现在在沥尾岛上有从事竹排修造的作坊，专门制作当地人出海捕鱼之用的竹排。只是与过去有所不同的是，如今的竹排大多配备柴油发动机，而船的底座则加入了塑料泡沫以提高其浮力和机动性能。事实上，生产竹排、使用竹排，在东兴一带地区，在相当程度上已被看成是只有京族人家才有的行当，其他农村地区、其他族群都很少有人家像京族人那样在其生产、生活中对竹排有着如此之大的依赖，而京族人对于竹排的"感情"之深，往往也难以为一般当地人所能理解。从修排、用排，一直到最后对破旧竹排的弃用，京族人都保留着一整套相对完整的"法术"。而在当地人

◀ 京族竹排

◀ 京族渔民的木船

的日常用语当中，类似于"翻""撞""沉"一类的词汇，也是极为少用的，原因在于这些词汇对于航海、对于竹排可能带来语言上的潜在的"伤害"。这种习惯，据说也是"祖公传下来的规矩"，任何人都不能轻易冒犯，否则的话，就会遭到众人的责怪。

京族人的传统节日

京族人的传统节日，主要有哈节、春节、端午节、中元节、中秋节、重阳节等。其中，哈节、春节和中元节是传统京族社会最为隆重的节日。

哈节

哈节是京族人一年当中最为隆重的传统节日，为期五至七天，场面宏大。在京语当中，所谓的"哈"，大致是"唱"的意思，因此哈节在京族地区也被称之为"歌节"。尽管以"哈"为

京族哈节
▼

◀ 迎神

◀ 祭神

◀ 贺神

唱哈

"坐蒙"

送神

听哈

名,京族哈节同时也是当地人庆祝渔业丰收的民间庆典。传统的京族村落,每年都会举办规模盛大的哈节,只是哈节的日子有所不同。氵万尾村的哈节,在农历六月初九至十四日;巫头村的哈节,在农历八月初一至初七日;山心村的哈节,在农历八月初十至十五日;红坎村的哈节,则在农历正月二十五。京族各村的哈节，大多定在当地渔季结束之后举办。哈节来临之时，当地人会热情邀请各方亲朋好友，前来参加这个"又食、又唱"的民族节日，一同分享节日的快乐。京族各村的哈节庆典，虽然举办的时间相互错开，内容不尽一致，但庆典仪式过程大致相同，主要包括迎神、祭神、乡饮、送神等环节。

哈节的来历，在京族地区大致有两种说法。京族人关于哈节来历的最为权威的说法，据说是为了缅怀镇海大王的丰功伟绩。传说中的镇海大王，被认为是为民除害、创造京族三岛的神灵。为了表达对镇海大王的感激之情，当地人每年都会定期聚集在一起，歌颂他的功德，京族哈节也因此而来。事实上，在当地人关于哈节来历的众多表述当中，镇海大王的在场几乎是不可或缺的。哈节来历的另一种说法，与传说中的"歌仙"有关。

相传，有一年夏天，一位美丽善良的姑娘漂洋过海来到京族三

◀ 京族民歌对唱

岛，看到当地人家终日劳作却过着贫苦的生活，不禁心生怜悯之情，情不自禁地唱起歌来。姑娘的歌声如同仙乐一般，当地人听得如痴如醉，心身的疲惫顿时烟消云散。村众们于是恳求他们心目中的歌仙教他们唱歌。姑娘走了以后，京族人还时常不约而同地聚在一起，用歌声诉说生活中的喜乐哀愁。久而久之，就有了哈节。

哈节是京族人尽情欢歌的节日。在哈节期间，唱哈作为京族传统文化最重要的表现形式之一，几乎贯穿在各项仪式活动的全部过程之中。哈亭、歌圩、田间地头、街头屋角……但凡在当地

节日里的歌圩

人聚集的地方,都有人唱哈。京族人用他们朴实无华的歌声,颂扬"圣神"的恩德,歌唱先祖的伟绩,诉说渔家人生活的辛劳与欢欣,倾诉兄弟姐妹的深厚情意,畅想未来日子的美好生活。京族哈节,也由此成为一个京族民歌的海洋,一个充满人间温情的民族盛会。

春节

京族人的春节,其隆重程度仅次于哈节。京族人把春节、除夕两个节日合称为过年。每年从腊月二十开始,各村的京族人家便陆续到村里的哈亭进行"还福"(还愿),以感恩各路神灵一年来对于村人的护佑。此外,京族人家还要在除夕这一天为其祖先扫墓。正月初一日,各户人家齐聚一堂,共享天伦之乐。初二以后,京族人家开始走亲访友,亲戚朋友们一起聊天、唱歌、饮酒,其乐融融。正月初三至十五日,京族人家陆续到哈亭"起福"(祈福),祈求各路神仙保佑新的一年风平浪静、鱼虾丰

出席节日庆典的越南客人

富、财源广进、老少平安。

"鬼节"

京族人通常把农历七月十五的中元节称为"鬼节"。说是每逢到了这一日，各家各户逝去的先人会回到家里来，看望他们的子孙后代。因此，各户人家都要在这一日准备好丰盛的祭品来拜祭先祖，求其保佑一家老少平安无事。此外，京族人家还要到村头、路边供奉那些无家可归的"饿鬼"，祈求他们不要侵扰村里的人。

其他节日

清朝末期，有西方传教士到京族地区传教，并在竹山、恒望等村修建了基督教堂。受其影响，一些京族人的生活方式发生了深刻变化，他们对于12月25日的圣诞节、8月15日的"圣母升天节"等节日比较重视。

20世纪80年代以后，随着改革开放政策的实施，京族人家的物质生活有了较大程度的改善，其与外界的交流日益增多，一些旧节日（如"观音诞""土地诞"等）在一些京族村落里渐有恢复，一些新节日（如国家的法定节日等）日渐兴盛，而一些自认为新潮的年轻人，则开始热衷于来自一些西方的节日，如圣诞节、情人节等。

出席节日庆典的越南客人

渔家的婚恋习俗

虽然大海时常给人以浪漫之感,但作为海洋民族的京族人自认为他们在婚恋方面是一个比较保守的民族群体。尽管如此,在一些青年男女之间,也仍然保持有一些相对自由的恋爱方式,而当地人的婚俗,则在保持其传统风习的同时,也吸收了周边地区一些民族群体的特点。

"踢沙"与"掷木叶"

20世纪50年代以前,京族人的社会生活相对封闭,当地人与其他民族群体的接触不多,与外族人的通婚也比较少。旧时京族地区的成年男子平日里出海捕鱼,而女子则主要从事农业生产或者杂海作业,青年男女相互交往的机会也不多。因此之故,当地人的婚姻由父母包办的程度较高。尽管如此,京族青年男女当中也仍然流行着诸如"踢沙""掷木叶"之类的自由恋爱方式。

京族少年 ▶

在一些重大的传统节日,譬如哈节、春节等,京族青年男女往往会三五成群到海边的沙滩上或者树林中玩耍,并从中寻找自己心仪的对象。每当小伙子发现有合意的姑娘,他们就会想方设法接近这位姑娘,然后用脚尖轻轻把沙子撩向她,或者抓起一把

树叶掷到姑娘身上。如果姑娘对向她示好的小伙子有意，就会以同样的方式"回敬"对方一把沙子或树叶。之后，两人悄然离开人群，到幽静的沙滩或者林中对歌，相互倾诉彼此之间的仰慕之情。待到男女双方的感情发展到比较亲密的程度之后，男方便会通过其家长找来能说会道的"蓝梅"（媒人）为他们牵线搭桥，并最终玉成好事。

传统婚俗

婚嫁之事，对于京族人来说，无疑是人生的一件大事，当地人对此可谓慎之又慎。京族人传统的婚嫁，有着众多的名堂，一般包括"合八字""定彩头"、定亲、择日、迎亲、拜堂、"回朝"等主要环节。

合八字 亦称"合年生""合同生"。一般人家的子女长到十三四岁时，父母就开始请媒人为其物色对象（也有父母先留意，然后请媒人撮合的）。当男方有了心仪的对象之后，便托媒人将其生辰八字取来，并请算命先生为其"合命"。若合则留下，不合则交由媒人退还女方。

定彩头 如果男女双方的八字无相克之虞，男方便将其生辰八字供奉在祖先的神台上。在此期间（一般为7~12天），双方家中没有不顺利的事情发生，如家禽家畜死伤、碗碟摔破等，则认为吉利，可以定亲。

定亲 若彩头吉利，则男女双方互赠木屐。如果左右成双，则表示两人情缘相投，此时可由媒人代表男方正式向女方求亲。

择日 女方同意男方的求亲之后，男方便请算命先生择日，选定婚期。

送日子 由媒人将写好的"日子帖"，以及猪肉、槟榔等礼物送到女方家中，沥尾京族人称之为"送日子"。

◀ 京族姑娘

哭朝 新娘在出嫁前三日，要放声大哭。第一日哭父母，第二日哭叔伯兄嫂，第三日哭姐妹，以表达自己的感激之恩和难舍之情。

开容 新娘出嫁之前，男方为其送来的脂粉红线。新娘在祭拜祖宗之后，请一位家庭幸福美满的妇女用细线为其夹除脸部的汗毛，谓之"开容"。

认亲 在京族人的传统婚俗中，新郎一般不在婚礼的当天亲自迎亲。因此，在婚礼的前一天傍晚，新郎要在媒人的陪同下，带上礼物到新娘家认亲，当地人称为"认亲戚"。

迎亲 婚礼当天上午，男方派出迎亲队伍前往女方家中迎接新娘。女方会请来歌手在路上设下重重"关卡"，以歌"拦路"，与男方派来的歌手对歌。只有男方的歌手顺利过关之后，才能踏进女方的家门。迎亲队伍到女方家中稍事休息之后，再与新娘一道拜别祖公和父母。而在新郎一方，则会在新娘到来之前出门远迎。

拜堂 新娘进门之后，新郎新娘一同拜过男方的祖公与父母及其他长辈。拜毕，新郎向父母及前来参加婚礼的其他长辈敬茶、敬槟榔。

回朝 婚后的第三天早上，新郎新娘带上礼物一起回到女方家中看望女方父母，并在女方家住上一晚。

20世纪50年代以后，随着国家民族政策、宗教政策的贯彻执行，京族人的婚俗发生了巨大的改变。在人民公社时期，在"移风易俗"政策的影响下，京族人的婚礼变得十分简易，常常是一两包糖果就可以完成一个婚礼。但即使如此，传统婚俗中的一些重要环节，如开容、认亲、回朝等，仍然有所保留。与此同时，集体劳动增加了京族青年男女相互认识和了解的机会，自由恋爱、婚姻自主的风气逐渐盛行，以感情为基础的婚姻日益增多。1985年以后，由于村民家庭经济状况逐渐好转，京族人家的婚礼较之以前变得更为隆重，传统婚俗也得到一定程度的恢复。与此同时，由于受到城市生活的影响，一些城市人的婚礼形式也正在成为当代京族人的"习惯"。

生育习俗

在京族人传统的社会生活当中，育龄妇女在怀孕初期一般都仍然会在家里从事一些轻体力劳动，但在生活上会有一些禁忌。按照京族人的风俗，孕妇不能用锄头在地里挖坑，不能用剪刀在屋子里剪东西，不能移动自己的床铺，不能进入哈亭等神圣的公共场合。

◀ 京族少年儿童

20世纪50年代以前，由于医疗条件所限，京族孕妇大多只能在家中分娩，由当地的接生婆或有接生经验的亲人（婶婶或者嫂子）接生。旧时京族产妇分娩时是讲究"坐向"的，一定要朝吉利的方向分娩。分娩后，产妇还要喝一勺童子尿，据说可以驱邪。婴儿出生后的第三天早晨，主家要烧香祭祖，称之为"做三朝"。主家同时还要备好鸡、肉、米、姜等礼物送到产妇的娘家，告知产子之事，称为"报姜"。而娘家人在接到"报姜"之后，则会派人（多是妇女和儿童）回送鸡、鸡蛋等营养品，当地人谓之"送羹"。

◀ 京族儿童和他的祖母

"时尚"的京族儿童

海边游泳的京族少年

婴儿出生后,主家要将其出生的时辰交给算命先生,请其推算有无带煞,此举称为"定花根"。若命中有煞,则要"认契爷"。由于受到家庭经济条件的限制,旧时孕妇的营养状况普遍不佳,加上卫生保健设施较为滞后,京族人聚居地区初生婴儿的死亡率较高,当地人对于婴儿存活的期望值通常都有所保留,因而诸如小儿满月一类的庆祝活动一般都比较低调,往往都只是略备一两桌薄酒宴请"外家"(娘家)及主家的亲友,有的人家甚至没有"办酒"的准备。而亲友的送礼通常也比较简单,多是一些鸡蛋和婴幼儿服装。

至于孩子的取名,旧时的京族人一般都是按排行取小名,待其年纪稍长,再为其正式取名。20世纪80年代以后,随着经济状况逐渐好转,京族地区的医疗卫生条件不断改善,当地人的生育习俗也有所改变,各种仪式或者程式往往从简进行,"新事新办"已在京族地区成为一种潮流和趋势。

渔人的归宿

由于有着良好的赡养老人的传统,京族老人的晚年是幸福的。上了一定年纪的京族老人,一般不再从事渔业生产活动,而是帮着他们的子女做一些力所能及的事情。闲来之时,京族老人通常会聚在哈亭及其周围聊天、打牌、下棋或者唱哈,有时,老

◀ 京族老人

人们还喜欢邀上一两个好友，在村里的小店上喝上几杯小酒。尽管在20世纪90年代之前，能够如此享福的京族人并不多见，但在物质生活日显富裕的当代京族社会，这种旧时的奢望已经变成一件再也平常不过的事了。

在传统的京族社会里，当地人称老人去世为"百年归老"。老人去世后，子女通常要为其"做斋"以超度亡灵。葬礼的隆重程度，视主家的经济状况而定。

京族人传统的丧葬仪式，其过程大致如下。

报丧

老人去世后，孝子孝女及其他亲属分头到亲友家中报知老人去世的消息，告知死者去世的时间及原因。在新中国成立以前，若去世者是女性，外家会派人前往验尸。接到主家的丧讯后，亲友即商议送丧之事，并备办白礼（物）。

更衣

报丧回来之后，孝子或孝女即用热水替死者抹身，然后为其换上寿衣。过去的寿衣大多是用麻布做成的，京族人认为，穿棉布做成的寿衣会影响死者日后骨骸的色泽，因而一般不会选择棉布做寿衣。

入殓

为死者更衣之后,孝子及亲人将其抬至祖庙中,待师公(当地人叫师傅)作完法事之后再抬尸入棺。

"做斋"

入殓之后,主家请来师公做斋,为死者超度亡灵。做斋有大有小,大斋一般是三天三夜,小斋则往往只有一晚。过去京族地区的有钱人家多做大斋,如今不论贫富都以做小斋为主。做斋时,师公先在主家的屋外搭棚立好法坛,然后动鼓做斋。做斋时,死者的亲朋好友纷纷前来吊丧,与孝子孝女一道哀哭,直到出殡。

出殡

出殡时,穿戴白色孝衣孝帽的孝子(长子)在前,以布带牵着灵柩,孝女伴随灵柩左右,其他亲友跟随在出殡队伍后面。灵柩一般由8个人一起抬,每走三五十米,孝子便跑到灵柩跟前躺下,让灵柩从其身上抬过,直到墓地。

埋葬

老人去世后,主家即请风水先生根据死者的年庚及去世的时辰为其选好墓地,并请人在出殡之前挖好墓穴。灵柩抬至墓地后,师公手持法刀驱赶"天精""地精",然后指挥"大力佬"(抬棺人)将灵柩放入墓穴。待灵柩在墓穴中摆放停当,师公即斩杀一只小雄鸡,以雄鸡血滴到灵柩四角。孝子孝女边哭边将泥土撒到灵柩之上,待亲友将其劝开之后,"大力佬"开始填土起坟。葬礼结束后,主家会向参加葬礼的亲友发放"利是"以表谢意。

"覆坟"

葬后三日,主家备好三牲、香纸祭拜新坟,并以新泥填坟。

"捡骨"

灵柩安葬数年后（一般要三年以上），主家为求得更好的风水而请师公"捡骨"再葬。捡起来的骨骸，由师公根据人体骨架的大致结构安放到一个瓮缸（当地人称其为"金瓮"）之中，另择福地安葬。如果此后主家仍觉得坟地的风水不够好，还可以多次再葬，不过这种情况在如今的京族地区已经比较少见。

在葬礼期间，孝子孝女不能用筷子吃饭，不能戴金银首饰，说是筷子会捅到先人的眼睛，而金银首饰会令先人不能安息。此外，在老人去世未满三七二十一天之前，孝子孝女不能杀生，也不能出海打鱼。

第五章
京族人的
神圣世界

　　京族人的民间信仰庞杂多样。自然崇拜、祖先崇拜是京族社会至为普遍的民间信仰表现形式，而道教、佛教等对当地人的生活方式和价值观念亦有着广泛而深远的影响。"镇海大王"、"高山大王"以及观音、"婆婆"等神灵，被认为是京族人的护佑之神，受到当地人的顶礼膜拜。

准备迎神 ▶

今宵众人听"哈歌",
欢声乐声同来和;
长夜清风送香味,
芳香直升透宫阙。
花开喷香郁异样,
一心善敬我敬上。
万岁万岁万万岁,
前往众神帝位上。
奉上香火歌女下,
两边方形往金殿;
供奉香气透云天,
敬天敬地敬乡神。
神灵灵!

——《神灵灵》

京族人的物质生活或许是简单的、有时甚至可以说是贫困的,但在当地人看来,他们的精神生活却是富足的。在传统的京族社会,各个村子通常都修建有哈亭一类的庙宇,里面供奉着当地人所崇拜的海神、村神以及各姓"家先"(先祖)。在他们看来,只有得到各路神仙和各姓"家先"灵魂的护佑,勤劳善良的渔民们才可以安居乐业、繁衍生息。

京族人的护佑之神

▲ 迎神香案

传统的京族社会是一个信仰多元化的社会,当地人相信民间传说中的"圣神"的超自然力量,相信各姓"家先"灵魂的存在,而对于道教、佛教的"讲法",一些人也深信不疑。京族人对于"活跃"在地方社会生活当中的各方"圣神"充满敬畏之心。而为了表达他们的这种敬意,当地人为"圣神"们修建了各色各样的庙宇。在京族地区,不仅有"哈亭""镇海大王庙""高山大王庙"、三婆庙等富有京族特色的庙宇,同时也有"灵光禅寺""伏波庙"等寺庙。虽然每个庙宇的社会功能不尽一致,但当地人通常都会一视同仁地对待供奉在那里面的神灵。在庙宇的

◀ 沥尾哈亭

布局上，哈亭作为京族村子最重要的庙宇，一般修建在村子里的中心地带，而其他庙宇则视神仙的"具体分工"修建在其所"主管"的地域之上。

◀ 京族"圣神"神位

"圣神"

"镇海大王" 在京族民众所崇拜的"圣神"当中，"镇海大王"的"级别"（地位）最高。京族民间传说，神勇的镇海大王在白龙尾半岛附近海域为民除妖，创造了京族三岛。镇海大王的传说，在京族地区可谓家喻户晓，并被认为是京族哈节由来的重要说法之一。在当地人的传说中，镇海大王被刻画成拥有无限法力、神通广大的神仙。他的所谓丰功伟绩，就是在知晓京族人的苦难生活之后，化身乞丐，铲除了在白龙尾海域作恶多端、为害一方的蜈蚣精。而在蜈蚣精死去之后，其折断的三截身躯沉入海底并变为沥尾、巫头、山心三个岛屿。从此以后，京族人便有了可以安身立命的美好家园。

为了表达对镇海大王的崇敬之情，当地人在与京族三岛隔海相望的白龙尾半岛上，修建了镇海大王庙，并在庙里供奉镇海大王的神位。京族各村过哈节时，都要到海滩上朝着镇海大王庙的

镇海大王
神位

高山大王
神位

方向，请镇海大王回到哈亭，在那里接受村众们的祭拜。而根据京族人的"规矩"，每年农历二月二十二以及八月二十二，各村都要派人渡海到镇海大王庙，祭拜"圣神"镇海大王。

长久以来，镇海大王的功绩得到京族三岛一带民众的广泛歌颂。而有关他的传说，也被编成祭祀神灵的民间唱词，成为各村京族人祭神"唱哈"的重要内容。

"**高山大王**" 全称"高山大神那太勒封上等神"，是护山、护林、保平安的"圣神"，当地人也称之为"山神"。"高山大王"据说是当地人移居到京族三岛一带地区定居时，从越南涂山等地"带"过来的。在民间传说中，旧时京族人生活的地方有一座形状类似罗伞的大山——伞圆山，山上住着一位神通广大的神仙，人称高山大王。这位高山大王不仅乐善好施，还时常为人们剿贼灭寇，时人誉之为"征战大王"。如今在氵万尾等村所供奉的"高山大王"，被视为京族人生活所在地的保护神。

高山大王庙位于氵万尾岛密林深处，庙内供奉着主管山林的高山大王神位。在京族地区——尤其是在氵万尾岛上，高山大王的级别仅次于镇海大王。每年哈节，高山大王都会被邀请回到哈节，与村众们共度佳节。

"广泽大王" "广泽大王"在京族地区又被尊称为"太祖",其原型据说曾是一位黎姓土豪。明朝永乐年间,因为不满中原王朝的统治,黎姓土豪在家乡起兵造反,与大明王朝的军队进行了旷日持久的激战。旧时的京族人因之把黎姓土豪视为民族英雄,把他封为广泽大王并供奉在庙堂之上。而关于广泽大王的传奇故事,在京族民间也多有流传。

◀ 广泽大王神位

"点雀大王" "点雀神武英灵大王",简称"点雀大王""白点雀大王"。

传说,古时候京族人所居住的地方有一座大山叫作"青龙贵凤山"(简称青龙山)。此山有四个山头,每个山头里面都有一种神奇的金属。东面山头有铜,故而四季温暖如春;南面山头有金,故而炎热似夏;西面山头有铅,因之凉爽如秋;北面山头有铁,是故寒冷若冬。青龙山上有一位神仙,经常下山扶弱济贫,但总是来无踪去无影,人们根本没有办法看清他的容颜。为了感谢神仙的恩德,京族人修了一座神庙祭祀他,但却苦于不见其影、不知其名,于是便在祭坛上放了一筛黄豆,请求神谕。不日,却见豆筛上面留有几个鸟爪一样的脚印和几根白色的羽毛。人们在欣喜之余,尊称神仙为点雀大王,每当逢年过节之时,都要全村

◀ 点雀大王神位

第五章 京族人的神圣世界 101

祭拜，祈求其保佑风调雨顺、五谷丰登。

"**兴道大王**" "兴道大王"，在京族地区的一些村子被称为"陈朝上将"，其原型据说是越南陈朝的一个将军，因为抗击蒙古军队有功，被封为"上将"。在京族地区的一些民间传说当中，兴道大王是一位被玉皇大帝差遣下凡的神仙，神通广大，是值得当地人信赖的保护神。

兴道大王神位

"**伏波将军**" "伏波将军"作为一方"圣神"，在京族人的民间信仰当中占据着重要位置。伏波将军，当地人又称之为"马伏波"，其"真人"是东汉名将马援。马援，字文渊，扶风茂陵（今陕西省兴平市窦马村）人。建武十六年（40），交阯女子徵侧、徵贰起兵反汉，"九真、日南、合浦蛮夷皆应之，寇略岭外六十余城，侧自立为王。"建武十八年（42）光武帝刘秀拜马援为伏波将军，发长沙、桂阳、零陵、苍梧兵万余人讨之。马援率领的军队击溃徵侧、徵贰之军，"斩首数千级，降者万余人"。此后不久，"峤南悉平"。马援于是"治城郭，穿渠灌溉，以利其民"，当地民众无不对其感恩戴德。在京族人的心目中，"马伏波"不仅是能征善战的一代名将，同时也是扬善除恶、降妖镇邪的神灵，能够保佑村里风调雨顺、村民出入平安。

海神与土地神

海神 对于"靠海吃海"的京族人来说，给予他们无尽生活来源的大海，无疑是神圣的，同时也是神奇的，那里面充斥着变幻莫测的超自然力量。传统社会的京族人对于海里的一切东西都格外珍视，不敢有丝毫怠慢，因为这些东西都被认为是有灵魂的。在京族人的传统观念当中，法力无边的海神，是大海的主宰。这些神灵虽然"看不见、摸不着"，但却在冥冥之中掌控着渔民们的生活。旧时京族人的渔船，一般都立有"海公""海婆"的神位。每年渔季出海捕鱼前，当地人都要在"海公""海婆"的神位前焚香祈福，祈求其保佑风平浪静、渔产丰收、出入平安。此外，京族人崇拜的海神，还有"各官水口三王""东水口大王""西水口大王"以及阮一郎、阮二郎、阮三郎、梁三郎、"莫大将军"等。

土地神　尽管京族人的传统生计主要倚赖于大海的馈赠，但当地人对于生于斯长于斯的土地仍然充满敬畏之心。旧时的京族人相信，岛上的土地以及土地上的所有生灵都是由"地头公""地头婆"来掌管的。土地神们"坐得高、看得远"，能够保佑村里五谷丰登、六畜兴旺，村上人家老少平安、金玉满堂。京族人通常在村头或者哈亭旁边修建土地庙，一些居住条件较好的人家则在其家屋前面的空地上设立土地神的神位和拜台。逢年过节或者家里有红白喜事之时，京族人都要备好各色祭品，焚香祭拜土地神，祈求其保佑家庭平安和睦、兴旺发达。

"观音"与"婆婆"

大慈大悲的观音菩萨，是京族人——尤其是中老年妇女所崇拜的偶像。当地人认为，观音菩萨能够倾听百姓的心声、帮助他们渡过人生中的各种难关。在传统的京族社会里，每当人们在生活上遇到不能自己解决的困难时，往往会向观音菩萨求

◀ 山心岛三婆庙里供奉的"婆婆"

助。而在京族三岛一带地区，不少村落都修建有供奉观音菩萨的庙宇。

京族人所谓的"婆婆"，通常指的是"观音老母""柳行公主"和"德昭婆"三位深受京族人爱戴的"婆婆"。"婆婆"是京族人心中的女神，主要"分管"婚育一类与妇女生活密切相关的各项神圣事务，因而在京族妇女当中有着广泛的受众。京族妇女们相信，只要诚心诚意供奉"婆婆"们，这些同样是女人的神灵，就会保佑她们婚姻幸福、家庭和睦、子孙满堂、老少平安。

"家先"

京族人在哈亭"龙庭"的左右两侧，设有"左昭""右穆"之神位，上面供奉各姓"家先"（祖先）、有功于家国之人、"买厚者"以及其他"圣神需要者"的牌位。

"家先"的牌位

京族人所供奉的"家先"，主要是指最先从越南涂山迁徙到当地定居的各姓祖先。沥尾村的十二姓"家先"，一般是指苏、裴、罗、武、阮、吴、高、杜、梁、黄、龚、孔等姓氏的先祖，巫头村的十二姓"家先"则为刘、阮、吴、何、段、陶、黄、裴、张、武、潘、孔等12个姓氏的先祖，而山心村京族人所供奉的"诸家先灵"，则是指最早在该村定居的刘、阮、张、龚、段、陈和范等7个姓氏的祖先。

所谓有功者，是指那些生前品德高尚，且毕其一生之力对本村、本族做出过重要贡献的京族村民。按照京族社会的传统，这些有功者去世后，经由其所在家族向"翁古""翁村"组织申请并获得其同意之后，再以抛珓杯的方式向供奉在哈亭里的圣神提出请求，如果连抛三次珓杯都得到"胜珓"（一阴一阳谓之胜珓），则表示圣神准许，族人可以将其神位加入哈亭里的先祖神位之列。譬如，在沥尾村哈亭，就供奉了在1883年至1885年中法战争期间率领数十名当地京、汉族人加入刘永福黑旗军，抗击法国侵略者的沥尾村民杜光辉以及"阮大将军"、苏光清、杜胜利、杜金余、苏善秀、黄德芳、阮其昌、苏锡权、阮积德、杜金贵、苏权安、杜辉德、黄如发、高全贵、武廷镇等有功之人。

"圣神"的"居所"

自古以来，只要物质条件允许，虔诚的京族人都会为"圣神"和各方神灵们修建庙宇，以作为他们的"居所"。哈亭、镇海大王庙等庙宇，被认为是京族地区最神圣的地方。

哈亭

传统的京族村子，如沥尾、巫头、山心、红坎等村，大多修建有哈亭。哈亭一般修建在京族村落的中心地带，是当地人最为重要的传统公共活动场所。作为京族社会的神圣之所，雄伟的哈亭也被认为是京族村落的标志性建筑。

◀ 红坎哈亭

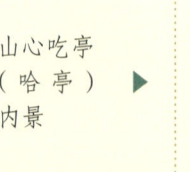

巫头哈亭

哈亭并不是通常意义上的亭子，而是一种四面有墙的封闭式建筑，无论是从外观上看还是就其功能而言都更像是一座庙宇。京族哈亭采用"人"字形屋顶，屋角有飞檐。旧时的哈亭为砖瓦屋，20世纪80年代以后则多改为钢筋混凝土建筑。

山心吃亭（哈亭）内景

哈亭的内部结构，大致上可以分为3个区域，中央区域为"龙庭"，左、右两侧为"座席"。"龙庭"之上供奉着京族人崇拜的镇海大王等"圣神"以及各姓"家先"，"龙庭"之下则有祭拜区，以作京族村众参拜各位"圣神"之用。"龙庭"两侧的"座席"区，高出地面33厘米左右，是村众们"听哈""坐蒙"（乡饮）的地方。

哈亭是京族民间举办各种传统仪式活动的主要场所，京族村子里的重大祭祀活动大多在哈亭进行。逢年过节，当地人都要到哈亭祭拜各位"圣神"。过哈节之时，京族村众们则要将住在其他地方的"圣神"，分别"请"到哈亭里面来，"高坐龙庭乐数天"。而持续数日的"唱哈"以及其他联欢活动，也多在哈亭及其周边进行。

镇海大王庙

镇海大王庙位于白龙尾半岛，高一丈有余，宽约三丈，深两丈。庙宇背靠白龙尾（山），俯瞰京族三岛及附近海域。镇海大王庙内供奉着镇海大王的神像，其前面设有祭台。如今的镇海大王庙为2005年重建，虽然庙舍面积不大，但庄严肃穆、气势雄伟。

◀ 镇海大王庙

高山大王庙

高山大王庙建于沥尾岛中间村的密林之中，庙前有草坪，庙后是高大浓密的树木。高山大王庙的规模与镇海大王庙大体相当，里面供奉着高山大王的神像，庙宇地处林间幽静之所，静谧而安宁。

"高山大王"庙 ▶

伏波庙

伏波庙是京族人为了纪念伏波将军马援而修建的。庙宇位于红坎村西北面，高两丈、宽约四丈、深两丈左右，庙内供奉马援将军的神像。伏波庙坐北朝南，耸立在进出红坎村的必经之道上。

伏波庙 ▶

三婆庙和灵光禅寺

三婆庙坐落在山心岛的中心地区，庙里供奉"观音老母""柳行公主"和"德昭婆"三位"婆婆"。三婆庙修建在"山心吃亭"（山心村哈亭）附近，是当地最为重要的庙宇之一，在京族民间节庆活动期间香火旺盛。

三婆庙 ▶

灵光禅寺位于巫头岛，与巫头哈亭相邻，专为供奉观音菩萨而修建。灵光禅寺有宽大的庭院，寺内有一口铸于1787年的铜钟，被认为

灵光禅寺 ▶

是镇寺之宝。灵光禅寺在京族地区拥有众多的香客，里面供奉的观音菩萨据说十分灵验，对于虔诚的香客往往有求必应。

天主教堂

近现代以后，京族地区有天主教传入，部分京族民众开始信奉耶稣基督。19世纪50年代初，法国传教士分别在三德、恒望两村兴建天主教堂，后经扩建、重建，每座教堂的主殿堂面积接近300平方米，可容纳数百人活动。

◀ 三德村天主教堂

▲ 巫头岛上的城隍庙

▲ 氿尾岛上的"婆庙"

其他庙宇

在京族地区，各村还修建有数量众多的土地庙、山神庙等，这些庙宇被认为是各方神灵所眷顾的地方，也是村众们朝拜的圣地。

神圣与世俗的通达者

在京族社会的民间信仰活动中,活跃着两种具有特殊功能的人——"师傅"和"降生灵童",他们被认为可以"通阴阳""知前后"(过去和未来),是神圣世界和世俗世界的通达者。

"师傅"

京族人通常把各种民间宗教仪式活动的主持人称为"师傅"或者"师傅佬"。京族的"师傅",需要恪守民间宗教经典所规定的一系列清规戒律,平日里需要做好包括"操练兵马"在内的功课,及至村子里有红白喜事,则有责任主持或参与。虽然从表面上看,"师傅"与普通村民没有显著区别,但实际上他们的生活有着诸多禁忌的——尤其是在饮食方面。京族"师傅"的主要社会职能,是主持或参与"做斋""安龙谢土"一类的民间宗教仪式活动。一些"师傅"同时还可以为村众"看日子""看风水"。以超度亡灵为主要目的的"做斋",是京族"师傅"最为重要的业务工作之一。

京族人家每当有白事或者遇到其他不顺利的事情,都要请"师傅"们为其"做斋"。京族"师傅"们一般只为当地京族人家"做斋",因为其他

京族"师傅"

民族的人听不懂用京族语言念诵的经文。旧时的京族人家，大多比较看重风水、时辰对其家人生活的影响，因而在"办大事"——如"做屋"（建新房子）、娶亲等之前，一般都要请当地的"师傅"为他们看风水、看日子、选吉时。作为"民间知识分子"的京族"师傅"，往往也通过此等方式赢得村众们的敬重。

京族的"师傅"们备有专门用于法事活动的所谓法衣和法器。"师傅"们的法衣，其款式和风格均与京族传统男装有某些相似之处，这些法衣有的是上一代"师傅"传下来的，也有20世纪80年代以后重新做的。京族"师傅"的法器，主要有"法印""珓杯""令牌""刀剑"、木鱼、竹梆、鼓、锣以及各色旗子。其作用主要是用来调遣"兵马"、驱邪镇妖。

经书与"法印"

京族"师傅"在主持各种民间宗教仪式活动时，需要用到大量的经书。这些经书，绝大多数都是用喃字书写的手抄本。京族"师傅"的职业技艺以及各类法衣、法器、经书等，大多来自家传——当然，也有少数人是通过拜师学艺而成为"师傅"的。旧时的京族"师傅"，每当到了一定的年纪，就需要从家庭（家族）中的男丁（一般为已婚生育的男子）中物色自己的传承人，并以口传身教的方式，向其传授京族民间宗教仪式活动的各种知识。在京族人的传统观念当中，"师傅"不仅有责任为当地人家主持各种仪式活动，同时还有义务把自己的知识和技艺传授给下一代人。在他们看来，如果一个家族里面有人做了"师傅"，而其子孙不能很好地继承这份祖业，那么他们祖先在阴间的灵魂就会得不到安宁。

京族社会的"师傅"，是有等级的。京族"师傅"通常有三个等级，即："一家师"（小承，九品到七品）、"二家师"（中

知识链接 京族"师傅"的经书

京族民间的宗教仪式活动，需要按照经书所规定的各项程序进行。京族"师傅"在主持民间仪式活动所用到的经书，主要有：

1. 《"三教"正度实录全集》（超度亡灵所用到的经书，内容涵盖"做斋"的全部过程以及相关经文。）
2. 《神霄》
3. 《度亡》
4. 《各亡灵对联》
5. 《接灵科》
6. 《六根六结》（用于超度未满60岁去世的人）
7. 《送小儿入花园》（用于超度未满12岁去世的人）
8. 《十殿科》
9. 《二圣科》
10. 《安兵牒》
11. 《召灵沐浴科》（用于为亡者净身入殓）
12. 《解天官雷公科》（用于超度遭雷击去世的人）
13. 《招魂叹文》
14. 《进钱赎魂科》（用于为有病痛的人解难）
15. 《开方科》
16. 《请佛科》
17. 《忏悔亡经》
18. 《接灵科》（用于召唤亡魂归来）
19. 《汲水科》（用于到取井水烧茶祭佛）
20. 《净厨科》
21. 《发奏科》（用于禀报神灵）
22. 《请经科》（用于请佛、禀报佛祖）
23. 《咒食科》（用于做大斋时向饿鬼施舍）
24. 《放灯科》（用于将纸灯放到海里）
25. 《放生科》（用于买活鱼或者鸟雀回来放生）
26. 《请目连科》（用于超度女性亡者）
27. 《请吔忏科》
28. 《竖幡科》（用于做大斋时立大幡招魂回来）
29. 《忏谢龙神科》

承，六品至四品）、"三家师"（大承，三品到一品）。京族民间宗教经典《神霄》规定，只有去世之后的"师傅"，才可以成为"大承"等级的"师傅"。京族"师傅"的"等级"是可以升迁的，但每次升迁都要请更高"等级"的"师傅"为其"度戒"（度身），并由"大法师"全程监督。京族"师傅"在度戒之前要严格进行"十戒"，譬如不能吃狗肉、兔肉、蛇肉，不能从妇女的衣服上面走过,在家里度戒的时候要到哈亭报告等。度戒仪式通常要做一天,诵读七八份"奏文"。度戒之后,由主持度戒仪式的"师傅"向度戒人颁发"度戒证书"。按照京族民间宗教的"规矩",一定等级的"师傅",可以指挥相应数量的"兵马"。度戒"升级"之后的"师傅",其掌握的"兵马"数量也随之增加。而接受度戒的"师傅",在完成度戒、成为更高等级的"师傅"之后,要遵守一系列更为严格的戒律。而在每个月的农历初一和十五两日,京族"师傅"都要焚香祭拜祖宗,并用姜酒等操练自己的"兵将"。

> 知识链接 **"度戒证书"的内容** 主要包括度戒人的基本情况以及所授予的职位(等级)、印章和法器等。

"降生灵童"

"降生灵童",在一些京族地区又称"生童"或者"降生童"。"降生灵童"通常被认为是由逝去的先人(尤其是所谓的"圣神需要者")"降生"而来,因而可以通达阴阳两界。旧时的"降生灵童",据说大多都拥有一些常人所不可思议的特异功能,如用钢钎插过腮帮而不出血受伤、渡海不用乘船等等。京族地区一些死于非难的"圣神需要者",每每到了像哈节这样的重大传统节日,往往都会将阴魂"附身"于"降生灵童"身上,由"降生灵童"替其侍候各位圣神。

"降生灵童"因各人前世今生的"缘分"而定,他们的"到来"不可强求,而只能"随缘"。虽然也有极其个别的"降生灵童"是从上辈人那里"继承"而来的,但他们当中的绝大多数都是随缘而至的。故

◀ 法器

此,他们的法力,往往不需要凡间之人的传授,不需要经书的指引,甚至也不需要自学成才,而完全是从天而降的。不过,在"降生灵童"成长的过程中,往往都有过一些神奇的经历。譬如,他们当中的大多数人,一般都是在"被鬼迷过"之后,突然获得了某些法力,不仅可以洞察人间许多事情的前因后果,同时还能与阴间的先人"来往",明了他们的想法以及他们对于当地村民的种种要求。

新中国成立以前,京族地区各个村子、各姓家族一般都有自己的"降生灵童"。每当过年过节之时,据说先祖们都要将其魂灵"降"(附)在这些"降生灵童"身上,并由他们向后人们传话。在京族地区的一些村子,每年到了哈节,村里的"老大"们通常会指定一位本村的"降生灵童",由其在哈节期间"专门服侍"哈亭里供奉的各位圣神和祖先。

旧时的"降生灵童"通常都比较专业,一般只在节日里为祖先们传话,而在平时,"降生灵童"则为村民们问神、问凶吉,并运用他们神奇的法力帮助村民消灾解难。1949年以后,由于京族地区的"降生灵童""师傅"日渐减少,一些"降生灵童"开始兼职做"师傅"。如今京族各村的"降生灵童"更是有减无增,且多数"降生灵童"已年近古稀,一些姓氏甚至已多年没有"降生灵童"参与各项重大传统节庆活动。而在个别京族村寨的哈节送礼仪式上,也已取消了祖先"阴魂附身"的"节目"(环节)。

民间信仰与京族人的社会生活

民间信仰活动

祭祀"圣神"及"家先" 京族人对于民间信仰体系中的各位"圣神"以及各方神灵充满敬畏之心,对于自家的"家先"有着深厚的感激之情。当地人对镇海大王等"圣神"的丰功伟绩始终铭记在心,并以形形色色的民间仪式活动来表达敬意。与此同时,京族人的"家先""祖公",与其子孙之间的关系也是十分亲

祭神

近，因为几乎每户京族人家的堂屋都修建有专门供奉列位"祖公"牌位的神龛。

逢年过节或者家里有大事，京族人都要焚香祭拜"圣神"以及他们的"祖公"。每年哈节，京族人会举办盛大的祭祀活动，祭拜各位"圣神""家先"以及护佑他们的海神、土地神等神灵。这个规模宏大的民间庆典，亦由此成为京族社会一次人神共娱的盛会。春节期间，京族人家要举行一系列祈福活动，祈求"圣神"和各方神灵降福消灾、保佑村人平安如意。而到了腊月二十以后，京族人家则会陆续到哈亭"还福"（还愿），以感谢神灵们一年来的佑护之恩。

祭神

此外，一些比较讲究的京族人家，每月的初一、十五，都要为"祖公"及各位神灵上香祈祷，以保家人平安、顺利。京族人相

第五章 京族人的神圣世界 115

信，只要对神仙、对祖公尽了他们的孝心，就一定能够得到保佑。

"安龙谢土" 在一些京族村落，如沥尾岛各村，当地人每年农历十二月都要举行所谓的"安龙谢土"仪式，为村众们祈求平安。在"安龙谢土"仪式上，"师傅"首先以诵读"奏文"的形式，向"天、地、水"三府"报奏"村里一年来的情况，祈请"天王""地王""水王"施展各自的法力，保佑村里风调雨顺、老少平安。

"做斋" 在传统的京族社会，每当有村民去世，他们的家人通常都要请来"师傅"们"做斋"。京族人"做斋"，一般都做一天一夜，称之为"小斋"。而经济条件较好的人家，"做斋"的规模通常会更大一些，时间也可能更长一些，这种被当地人称为"大斋"的仪式活动可以做到三天三夜。不过，如果临近哈节，按照京族人的规矩，是不能做"大斋"的。做"大斋"时一般要有八九个"师傅"，而做"小斋"有三四个"师傅"就可以举办。

此外，京族人还有问卜、看风水、择日等预测未知之事的习俗。

渔船
▼

社会生活中的禁忌

传统的京族社会有着许多禁忌。这些禁忌大多源于当地民间信仰,与京族三岛一带地区的生态环境以及当地人的生产、生活息息相关。

生产禁忌 旧时京族人在生产上的禁忌主要有:

新建造的竹筏,在没有下海之前,任何人都不能在上面闲坐。

做新渔网时,外人不能走近观看、更不能大声说话,否则的话这个渔网就会捕不到鱼。

新做的渔网,在第一次放网捕鱼的时候,最好不要碰见女人。

如果没有特殊情况任何人都不能从渔网上面跨过,否则渔网就会捕不到鱼。

出海捕鱼的时候不能坐在船头。

坐船的时候不能把双脚垂放船外或舱内。

捕捉到颜色鲜艳、体形怪异的"神鱼"时,一定要放回大海。

如果一起合伙拉网的人家里有人生孩子,一定要请"师傅"做法事以求"旺网"。

出海捕鱼的人,不能进出还没有满月的产妇的房间。

生活禁忌 旧时京族人在日常生活上的禁忌主要有:

平日里讲话,不能说"翻"字,而用"顺"字来表达相同意思。

在船上吃饭的时候,不能把碗中的鱼翻转。

饭碗不能倒扣着放,因为翻碗与"翻船"有同等含义。

吃完晚饭点灯之后不能向别人借钱,也不能借钱给别人。

吃新米饭的时候,最好不要让陌生人看见。

上山打柴带米出门的时候,不能让米粒掉落在地上。

逢初一、十五,不能让人进门借火、借盐腌咸鱼。

不能用脚踩踏灶台。

屋里的器物需要搬动时,一定要用双手抬起搬走,不能推或者拖,以避"搁浅"之嫌。

▲ 上"封庭杠"

夜间不能在树林里吹口哨。

建牛栏的时候一定请先生择吉日。

别人家开坟收捡先人尸骨的时候,不能走近窥看。

婚育禁忌 旧时的京族人,在婚育方面也有一些禁忌:

孕妇不能进出哈亭。

孕妇不能到虾塘边游走。

孕妇不能摘其他人家院子里的水果。

孕妇不能移动自己的床,别人也不能坐孕妇睡的床。

孕妇怀孕6个月以后,任何人不能在其居住的屋子里剪东西,不能在墙上打钉,不能在房前屋后铲地,更不能在其房屋周边挖地基。

坐月子期间,产妇不能进出别人的家,不能参加拜社,不能到水井挑水等。

其他禁忌 家中有白事的人,要主动退出各种集体祭拜活动。如果是"翁村"组织的成员,则更应主动退职。

去世的人未出殡之前，孝子只能手抓食物，不能用筷子吃饭。

未脱孝以前，孝子不能穿着红色或者其他鲜艳颜色的服装，不能佩戴金银饰物。

孝子的眼泪不能滴落在逝去先人的遗体之上。

未满"三七"（21日）之前，孝子不能出海捕鱼。

孕妇和体弱的小孩见到棺材要远远走开。

第六章
京族民间文艺

京族人的民间文艺独具特色。唱哈、独弦琴、喃字,是京族传统文化的标志之物。而各种民间舞蹈、民间故事,也以其独特的艺术魅力和丰富的思想内涵成为京族传统文化的重要载体。

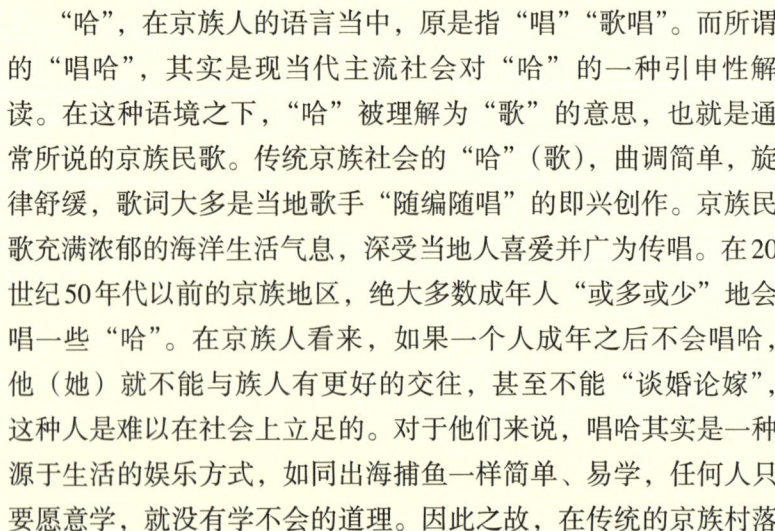

京族花棍舞

相爱脱衫赠送，
回家撒谎过桥遇大风；
风吹了，风吹了，
衫被风吹无影无踪。
相爱脱葵笠（斗笠）赠送，
回家撒谎过桥遇大风；
风吹了，风吹了，
阵阵风把帽吹上天空。
相爱把戒指赠送，
回家撒谎过桥洗手掉水中；
冲到深处黑咕隆冬，
顺水推到龙宫。

——《过桥风吹》

　　京族是一个能歌善舞的民族，民间文艺丰富多彩。在长期的社会生活中，京族人创造了许多独具民族特色的民间文艺，并使之成为其传统文化的重要组成部分。其中，唱哈、天灯舞、喃字、独弦琴等，是最具代表性的京族传统文化表现形式。

唱哈

京族青年歌手

　　"哈"，在京族人的语言当中，原是指"唱""歌唱"。而所谓的"唱哈"，其实是现当代主流社会对"哈"的一种引申性解读。在这种语境之下，"哈"被理解为"歌"的意思，也就是通常所说的京族民歌。传统京族社会的"哈"（歌），曲调简单，旋律舒缓，歌词大多是当地歌手"随编随唱"的即兴创作。京族民歌充满浓郁的海洋生活气息，深受当地人喜爱并广为传唱。在20世纪50年代以前的京族地区，绝大多数成年人"或多或少"地会唱一些"哈"。在京族人看来，如果一个人成年之后不会唱哈，他（她）就不能与族人有更好的交往，甚至不能"谈婚论嫁"，这种人是难以在社会上立足的。对于他们来说，唱哈其实是一种源于生活的娱乐方式，如同出海捕鱼一样简单、易学，任何人只要愿意学，就没有学不会的道理。因此之故，在传统的京族村落

◀ 京族歌圩

当中，几乎"无村不有哈""无人不唱哈"。"哈"风之盛，由此可见一斑。

"哈歌"

京族人的"哈歌"，就其内容而言，大致上可以分为史歌、敬神歌、生产歌、生活歌、情歌、儿歌、时政歌、苦难歌等。

"**史歌**" 京族人的"史歌"，指的是讲述京族人社会生活历史的哈歌。这是一种比较严肃的京族口传文学题材。京族地区的主要村落，大多都编唱有讲述京族人或者本村历史的"哈歌"，如《沥尾京族简史》《巫头史歌》《山心史歌》《镇海大王》《京族迁徙传说》等。

沥尾京族简史歌

闲来座谈古代时，越南涂山是祖籍。
洪顺三年的一天，先祖来到福安里。
初来方向实难分，岛上树木高又浓。
先行落脚后探询，南临大海东白龙。
西南竹山界相接，北边潭吉是邻里。
红榄牡蛎满海滩，潮落更多蟹蛤蚬。
在此居住半年间，鱼虾多来南海上；
人随船漂无定所，日浴太阳夜宿霜。
大伙会集先商量，决定在此建草房；

众心目归一处想,你去砍树我砌墙。
大家辛苦日夜干,砍树割草来建房;
日月如梭消逝去,光阴似箭时间忘。
房屋终于修建成,遮风挡雨有地方。
原来故乡相隔远,如今此地是家乡。
大伙团结如一家,纵然饥馑也不怕;
共同发誓相帮助,集中捕捞分鱼虾。
人们生活胜往年,丰衣足食心里甜。
住久有人生怨言:在此有吃有衣穿,
但终不是原故乡。有人即时回答言:
此处栖身胜在家,捕鱼谋生乐悠然。
迁居此地十年时,海产减收人损失。
人们心里有焦虑,聚在一起齐叹息。
无处不有鬼神隍,祈祷期约试怎样?

漫画《三岛传说》

杀猪一头来祭拜，三天可否如愿偿。
先祈人丁六畜旺，后求鱼虾堆满仓。
六月初七把网撒，满载而归喜洋洋。
捉鱼捞虾连三天，忙了几夜不成眠。
初十宰猪献糯饭，奉上祭品许诺言。
首先拜请海龙王，二祈地方众神隍。
三求诸家各祖堂，赐福人间万年长。
此后人畜得平安，海产丰收按惯例。
家家都立祖神堂，村村建起庙亭祠。
财产丰收生活好，人丁兴旺年胜年。
每年六月初九始，唱哈祭神乐数天。

唱哈

山心史歌

祖先原居涂山地，捕鱼来到白龙里。
终年竹船海上驶，大风大浪寻岸避。
望见岛上一片滩，树密林茂草地好。
先人寻得好地方，砍树割草建茅房。
为了骨肉不分离，回乡接亲来同堂。
先祖众人许诺言，建立哈亭迎神灵。
遂派人回故居地，拜别宗灵迎祖香。
诸家先灵同供奉，拜祭神王在哈亭。

"祝词" 在传统的京族社会，每逢节庆之时，当地人祭拜"圣神"要"讲好话"、熟人见面要相互祝福。京族歌手把这些"好话"编成适合各种场合"使用"的哈歌以供村众传唱，并把这些歌颂"圣神"的丰功伟绩、祝愿村众生活美满如意的"哈歌"，称为"祝词""唱词""敬神歌"等。《哈节祝词》《进香歌》《德圣公》等，是京族哈节期间最常用到的"祝词"。

哈节祝词

我到此见五神翁，
来了四位白发翁，
四翁祝乡增夏谷。
一翁祝多钱多谷，
二翁祝富贵荣华，

三翁祝"应试中榜",
四翁祝"四样俱全",
四位谁都不相让。
村里请我来祝福,
我今行恩赐还福。
求大王帝,
降福除定;
求德大王,
护持全乡,
男女老少,
长寿平安。

▲
唱哈

▲
唱哈

进香歌

静静听那"唱哈"歌声,
独弦琴伴奏多嘹亮,
当更深夜静时,
海风送来的香火味多清香。
把一炷炷香奉献,
"哈妹"的笑脸像葵花向阳,
亭内两侧的文武官员,
勤飞翔必然会由远到近,
边看那一副副镀金的对联边听那歌唱。
一炷炷香火在挥舞啊,
是那京家的一颗颗心献上,
像一朵朵浪花在盛开,
一阵阵香火味任君品尝。
一缕缕的香火烟,
飘哇飘到四面八方,
敬天敬地保佑人畜平安,
敬镇海大王为民除害京家永不忘。

德圣公

德圣公，
身降人间了解民情，
谁善恶，
告知朝廷。
德圣公，
曾教诲三句话，
为国理事，
不能废礼义：
一是佛，
洁净二字；
二是汉人，
不分民族你我；
三是心愿，
福德处处均是。
住深山的民众，
也要寻找相识。
有益训语，
要记心间，
不愿听，
我们亦尊重，
八国里程，
英雄江山。

◀ 唱哈

海歌 在京族地区，流行过许多反映当地人生产活动的民间歌谣。由于这些歌谣的内容大多与海洋渔业生产有关，因而也被称为"海歌"。海歌内容丰富、旋律悠扬，歌词多是京族渔民在生产之时或者劳作之余的即兴创作，反映了京族人生计上的艰辛，也表达了他们热爱大海、热爱生活的豪情。《摇船曲》《海阔天空》《挖沙虫》等，是其中最脍炙人口的曲目之一。

摇船曲

艄公啊！
你睡我摇，
我睡你摇。

整装待发的渔船（竹排）

桅高帆稳，
锚重缆韧。
艄公哟，
饭吃一碗怎能饱？
船摇一橹怎能赶别人？
脚步不稳船不快，
脚步太重怕船脱钉。
自己掌舵又拉帆绳，
无人庠水摇橹船难行，
独自驾船直了又横，
姑娘为什么不来帮情人？

海阔天空
海阔天空，
有网就抛有钩就放，
万一江狭海浅，
网抛无用钩亦空忙，

如今江阔海宽，
有钩有网随意扬竿张网。

挖沙虫
做完农工做海工，
潮退落滩挖沙虫，
妹挖沙虫哥捉蟹，
哥妹双双又相逢。
又相逢，
好似桃花迎春风，
沙虫满兜蟹满篮，
浪伴歌声乐融融。

情歌 情歌，是京族民间歌谣当中最扣人心弦的部分。作为青年男女表达爱慕之情的重要方式，京族情歌意蕴丰富、语气委婉，富有浓厚的海洋生活气息。《过桥风吹》《怎得身上长翅膀》《蜘蛛结网》等，是京族情歌的经典之作。

怎得身上长翅膀
昨晚去到藕塘边，
塘中藕花朵朵鲜；
家住塘边无藕吃，
落到半腰无得莲（恋）。

◀ 荷塘

思娇几时思得了，
牛窝水浊几时清？
怎得身上长翅膀，
飞来飞往去寻情。
风大烟尘一齐起，
买镬包换拿锅（哥）来；
无力抽箱拖拖拢，
滚水煮螺口难开。

情歌对唱，是广受京族青年男女欢迎的民歌形式。一些对唱情歌构思独特、用词费尽思量，表达了情人之间的绵绵情意。

蜘蛛牵网

男：蚕牵丝蜘蛛织网，
　　精心交结一层又一层；
　　日久不见莫当遗忘，
　　天长日久越艳越坚韧。

女：思情郎，想已久，
　　隔海隔河也要架座连心桥！
　　久别重逢见乡亲，
　　新朋旧友容貌像春天花苗。

合：大海驶船浪抛抛，
　　同园甘蔗叶相交，
　　同园甘蔗相交叶，
　　你拉我扯真热闹。
　　大海驶船浪飞飞，
　　同园甘蔗叶相思，
　　同园甘蔗相思叶，
　　你难舍来我难离。

男：实系思，
　　日夜想妹妹有知，
　　思妹如同刀割肉，
　　想着几时痛几时。

女：蜘蛛牵网又牵丝，

不挂竹竿亦挂篱,
挂篱挂竿人看见,
挂哥肚里无人知。
男：蜘蛛牵网麻篮里,
你丝不比哥丝多,
你丝一斤十四两,
我丝一斤冇止砣。
女：蜘蛛牵网拦江边,
水冲冇断（不断）系真丝,
蚂蟥巴（趴）在水雀脚,
生死跟哥一齐飞。

儿歌　欢快、活泼的儿歌,是京族民间歌谣中的一枝奇葩。京族儿歌的歌词内容与地方生活紧密相连,在表现手法上较多采用对比、夸张等手法,反映了京族儿童自由、奔放的性格。《螺儿甜》《扛七郎》是京族地区广为传唱的儿歌,而《摇篮曲》等,也深得当地儿童喜爱。

螺儿甜

爬上山，去玩耍，
我们大家去采茶。
跳下河，去玩耍,
我们大家把螺扒。

京族幼儿园

螺儿甜,螺儿大,
装满筐儿带回家。
海鸟看见,飞来帮忙。

扛七郎
月亮光,照四方。
人来等,轿来扛。
扛哪个?扛七郎。
七郎几多岁?算来才五双。
扛去哪?落船舱。
姐姐来送别,两眼泪汪汪。
阿婆来陪,阿公来望。
唱歌来伴送,独弦琴叮当。
海风吹白帆,船儿已开航。

摇篮曲
睡觉啊睡觉,
阿妈插田未回来,
阿爸去卖鱼虾,
买饼买果带给小乖乖。
侬仔细细方圆脸,
爸爸妈妈的心肝宝贝。
夜晚阿妈抱着睡,
白天躲在网纱里,
好比秋千打起来。

苦难歌 "苦难歌"是一种特殊类型的京族民间歌谣,主要反映旧时京族人家生活上的苦难与艰辛。这类题材的民歌,20世纪六七十年代曾在京族地区广为流行。

肚饥饥
肚饥饥,
一日三餐粥又稀,
人家粥稀用勺舀,
我家粥稀用捞篱。

除了上述这些平常所见的歌谣之外，京族民间还传唱着众多的"叙事歌""时政歌"。这些歌谣或由民间歌手自编自唱，或由地方文人编写，内容多以故事的方式，讲述京族社会生活当中某些具体的人和事，表达了京族人追求社会公平正义、向往美好生活的愿望。

◀ 京族歌手

"哈歌"的唱法

京族人唱哈，有所谓"正式的唱法"和"不正式（非正式）的唱法"之分。

"正式"的唱哈，主要是指在哈亭等神圣场合的民间歌唱活动，一般在重大节日期间举行，哈歌的主题比较严肃。这种形式的唱哈活动，通常由"哈妹"主唱，以敬神、贺神为主要目的，带有浓厚的仪式展演色彩。正式的唱哈，无论是对场合、时辰（时间）的选择，还是曲目的选用都是很有讲究的。一般说来，在哈亭这种比较严肃的地方，只能唱《京族史歌》之类题材严肃、格调高雅的京族民间歌曲，并且只能由"哈妹"作为全村人的代表为圣神献唱，普通村民是不能随意在哈亭里唱歌的。

◀ 京族哈妹

"不正式"的唱哈，指的是京族人日常的唱哈方式。这种形式的唱哈，对场合没有过多的讲究，歌词的内容也相对自由。对于京族人来说，"不正式"的唱哈，其实就是那种"随编随唱""想唱就唱"的唱哈活动。这种形式的唱哈，以交流感情为主，一般以对歌的方式进行，歌唱的形式灵活，歌词内容也比较生活化。在传统的京族社会，歌圩、街头巷尾、"船头船尾""屋头屋角"都可以是当地人唱哈的地方。而在这些地方唱的歌，内容、题材比较丰富，为当地人所喜闻乐见。

虽然曲调、旋律对于哈歌具有非同寻常的重要意义，但京族人唱哈水平的高低，往往更多地体现在歌词的意境之上。在京族人看来，真正意义上的歌者，是那些在平常生活中做到有感而发、出口成章（歌）的人。这些歌手，通常有着丰富的生活经验和人生阅历，并且文采飞扬、诗意盎然。在20世纪50年代以前，在京族三岛及其附近地区，据说这一类歌手曾经随处可见。而在目前的京族地区，在一些年纪较大的京族人中间，唱哈之时能够做到出口成章的，也仍然不乏其人。

京族歌手 ▶

　　唱哈，承载着京族无尽的喜怒哀乐，是汪洋大海里的温馨船歌。"以歌咏志"之类的华丽辞藻，或许并不能完全涵括京族人之于"哈"的情怀以及他们对于未来生活的期待。对于京族人来说，唱哈已然成为他们生命中的一部分，这是一种普通得不能再普通的生活方式，似乎不需要借助过多的溢美之词加以粉饰。

哈节与京族人的歌唱传统

一年一度的京族哈节，是京族人唱哈的盛会。这个以歌唱为主题的节日，集中展现了内涵丰富、绚丽多姿的京族传统文化，表达了京族人对于美好生活的热切期待。千百年来，哈节作为京族歌唱传统的载体，以一种近乎狂热的质朴展示了京族人豪迈奔放的情怀以及他们对于歌唱的执着，成为京族文化传承和发展的重要平台。

哈节与京族人的歌唱传统是一种唇齿相依的关系，哈节盛则唱哈盛，哈节衰则唱哈衰。作为京族人最为重要的传统节日，哈节在1949年以后曾经有过一个沉寂的时期，但20世纪90年代得到了恢复性发展。京族地区的唱哈之风，从此开始日渐兴盛。对于民族传统文化的深厚情感，使得越来越多的有识之士积极投身京族传统文化的传承与保护，而国际社会和地方政府对于保护人类文化多样性的高度重视，同时也使越来越多的普通京族民众认识到民族传统文化的重要价值并自觉参与与之相关的保护活动。

◀ 京族歌手

进入21世纪以后，京族地区保护非物质文化遗产呼声日隆，而京族哈节更以其深厚的历史底蕴、丰富的社会文化内涵、多彩多姿的活动内容、灵活多样的表现方式，成为京族传统文化的代表，并于2006年成功入选国家级非物质文化遗产名录。此后，京族各村所举办的哈节规模不断扩大、参与人员逐年增加，京族哈节在当地社会的影响迅速增强。

哈节的兴盛，为京族歌唱传统的传承和发展提供了巨大的精神动力。受到日渐兴盛的哈节的鼓舞，一些对唱哈有着深厚情感的民间人士，开始着力于京族民间歌谣的收集、整理和编写，为京族人唱哈创造了更多、更加"对书"（规范）的文本资料，同时也促进了本地"哈妹"作为一个职业群体的成长，京族各村的

京族歌手 ▶

哈节庆典活动由此得以有声有色地开展。而得益于社会各界的支持和京族民众的积极参与，京族地区的唱哈活动近年来迅速兴起。目前，京族各村都有自己的唱哈团队，沥尾岛上"逢十"（农历初十、二十、三十）成圩的京族歌圩，业已成为京族民间歌手和唱哈爱好者最为重要的集会之所。日渐兴盛的唱哈之风，不仅极大地丰富了京族人的社会生活内容，同时也被视为京族传统文化最为重要的传承方式之一。

独弦琴

京族人的民间文艺，虽然以唱哈著称，但其乐器，也同样引人注目。京族人最引以为豪的民间乐器，莫过于独弦琴。所谓的独弦琴，在京语中又称"旦匏"，也有文献称之为"匏琴""独弦匏琴"等。传统的京族旦匏，是一种竹制或者木制的弹弦乐器，因为琴身上只有一根琴弦而得此名。传说殷商之时，师延为司乐之官，总修三皇五帝之乐，"拊一弦琴则地祇皆升，吹玉律则天神俱降"。如果此处之"一弦琴"即为独弦琴的话，那么《拾遗记》里面的这段表述或许就是中国古代文献关于独弦琴的最早记述了。相对而言，唐宋之时的文献对独弦琴的记载就比较详细，如《新唐书》中曰："独弦匏琴，以班竹为之，不加饰，刻木为虺首；张弦无轸，以

特制京族
独弦琴 ▶

弦系顶，有四柱如龟兹琵琶，弦应太蔟。"这里所记载的"独弦匏琴"，无论是结构还是发音，都与京族地区现存的独弦琴相近。

独弦琴的传说

在京族民间，对于独弦琴的来历问题，有着不同的讲法（传说）。这些民间传说，多与盲人琴师有关。故事的主人翁，既有来自天界的神仙，有出自政界的王子，也有令人唏嘘的民间小人物。一是善翁的故事。

相传，有一日玉皇大帝派遣善翁和恶翁二位神仙一起下凡，到人间寻找宝藏。谁料恶翁在找到宝藏之后顿生邪念，把善翁的双眼刺瞎后将宝藏独占。失明后的善翁无法回到天界，只好在凡间靠行乞为生。后来，一位仙姑赐给善翁一把独弦琴，让这位孤苦伶仃的盲人用这把琴来谋取生计。善翁很快就摸索出一套独特的弹唱技法，并且有了生活上的保障。心地善良的善翁在衣食无忧之后，把自己的琴技毫无保留地传授给其他盲人，让很多盲人都有了可以维持生计的一技之长。

二是盲歌祖师陈国挺的故事。

据说陈国挺原是一位王子，因受人妒忌而被刺瞎双眼并被遗弃在荒山野岭之上，幸得砍柴妇女救回。后来陈国挺在梦中得到仙人指点，学会了独弦琴的制作和演奏方法，并成为京族盲歌艺术的祖师。

三是氏风琴的故事。

说的是从前有一对恩爱夫妻，丈夫叫张员，妻子叫氏风。有一年，张员被征兵外出打仗，留下氏风与婆婆相依为命。张员一去多年却杳无音信，婆媳两人于是决定到张员可能去过的地方寻找他，谁料却在半路上遇到了强盗。强盗们不仅抢走了她们身上所有的盘缠，还刺瞎了氏风的双眼。可怜的婆媳俩只好靠沿路讨

▶ 京族独弦琴

饭度日,有时实在讨不到饭,氏凤就只好割下自己身上的肉给婆婆吃……一位仁慈的仙姑被氏凤的孝心所感动,送给氏凤一把只有一根弦的琴子,并教会她许多弹奏的方法和技巧。氏凤便用了这把独弦琴,到人多的地方弹奏,为京族人带来了许多欢乐,也使自己和婆婆有了一份稳定的生计来源。

独弦琴的乐曲,旋律缠绵悱恻,所反映的大多是生活在底层社会之人的苦难生活以及喜怒哀乐。在深受儒家文化影响的京族社会中,这样风格的乐器和乐曲若想登上所谓的大雅之堂,并不是一件容易的事。事实上,在新中国成立以前的京族社会,独弦琴在相当程度上只是作为一种自娱自乐的乐器流行于民间,极少在文艺舞台上演奏过。新中国成立以后,随着独弦琴的改进以及一批反映京族地区欣欣向荣的社会生活景象、积极向上的独弦琴曲的涌现,独弦琴艺术才得以一种全新的形象展现在世人的面前,并被认为京族传统文化的重要象征物。

独弦琴的结构

京族民间的独弦琴,琴体大多用竹材制作,长约120厘米,主要有琴体、弦轴、摇杆、琴弦、葫芦(匏)、挑棒等构件组成。独弦琴的传统做法大致是,选取一段长约120厘米、直径10~15厘米的"老水"竹材(筒),取其中的大半边作为琴身(呈拱形)。在琴体头部的中央位置钻直径约1厘米的圆孔,插上一根长40厘米左右的、用牛角制作的摇杆,从琴体尾部的侧面插入弦轴(多为木制)。为了取得更好的音响效果,旧时的独弦琴还在摇杆上加装一个葫芦状的木刻共鸣器。在摇杆、弦轴固定之后,即可在二者之间安装琴弦。独弦琴的琴弦为一根韧性较好的金属丝,长80厘米左右。在演奏独弦琴时用以拨动独弦琴琴弦的挑棒,是一种竹制的小棒,长15厘米左右,拨弦的一端比较尖,上面有一个小凹槽。20世纪80年代以后,一些音乐界人士对独弦琴的制作进行了改进,其中一项较为重大的技术处理,就是在琴体上安装了电子拾音设备,使之能与现代音响器材连接,成为一种电声乐器。

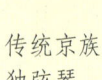

传统京族
独弦琴

独弦琴的演奏

集体演奏独弦琴

独弦琴的演奏，一般采用坐姿。演奏时，演奏者用左手把住摇杆，右手握竹棒或用手指（带假指甲）挑弹。独弦琴可以在一根弦上奏出较明显的两个声部，即琴弦所切取部分的泛音和全弦振动的基音，具有"独弦不独声"的独特艺术风格，被认为是"世界乐器之中少有的全部使用泛音弹奏的弹弦乐器"。独弦琴的演奏多为独奏或者伴奏。京族传统的独弦琴曲目，主要有《过桥风吹》《高山流水》《问月歌》《做海歌》等，这些曲目舒缓缠绵、婉转低回，在京族地区广泛流传。1949年以后，一些音乐人士相继创作了《喝水不忘挖井人》《打鱼归来》《人民炮兵》《京岛情》《京海情韵》《春天舞曲》等脍炙人口的独弦琴曲。近年来，一些琴师将少数民族的民歌，如《小河淌水》《敖包相会》等改编为独弦琴演奏曲，亦深得当地人喜爱。

> **知识链接** **独弦琴** 有关独弦琴来源问题的早期文献记载，散见于东晋王嘉所著志怪文集《拾遗记》以及北宋宋祁、欧阳修所撰《新唐书》等。在《拾遗记》中，曾有"（师延）在轩辕之世，为司乐之官。及殷时，总修三皇五帝之乐。拊一弦琴则地祇皆升，吹玉律则天神俱降"的说法。而在《新唐书》里，亦有"独弦匏琴，以班竹为之，不加饰，刻木为虺首；张弦无轸，以弦系顶……""覆以半匏，皆彩画之，上加铜瓯。以竹为琴，作虺文横其上，长三尺余，头曲如拱，长两寸，以条系腹，穿瓯及匏本"的记载。有学者认为，京族独弦匏琴是从原始的管状琴发展而来的，它以我国古代的"筑""筝"和"一弦琴"等传统乐器为基调，并吸收融合了骠国匏琴等外来乐器的某些因素。不过，相关古代文献所提及的一弦琴、独弦匏琴以及独弦琴等，在形制、演奏方法及音乐等方面均有所差异，近年来也有学者对于独弦琴的这种源流关系提出不同见解。

喃字

京族人把当地民间社会所使用的文字称为"字喃"或者"喃字"。所谓的字喃,实际上是一种仿效汉字结构而创造出来的京语化的古文字。按照一些京族长老的说法,"字喃"即是"南国的文字"。

喃字的历史

在漫长的历史发展进程中,喃字曾一度成为京族语言的主要载体,并被一些学者认为是京族传统文化的重要标记之一。尽管目前国内外学术界有关喃字的具体形成时间尚未有定论,但一般认为它的萌发期大致在公元8世纪至12世纪之间。13世纪以后,喃字逐渐从原初的音意合体过渡到音意合成,产生了形声字,逐步形成一个相对完整的语言符号系统。至14世纪,喃字作为一种基本具备社会交际功能的文字,开始在京族社会中得到广泛使用。自13世纪至20世纪初,喃字的演变大致经历了四个时期,即:在13世纪以前,为萌发时期;13世纪末至14世纪,为基本定型时期;15世纪至19世纪初,为全盛时期;19世纪以后,越南阮氏王朝禁止用喃字考试以及在公文中使用喃字,喃字在京族社会生活的地位急剧下降,并迅速进入衰退时期。尽管如此,喃字在京族民间社会中仍然流行,是哈节以及一些民间宗教仪式活动的通用文字,字喃也因此被认为是京族人"自己的文字"。

京族社会生活中的喃字

作为一种富有民族特色的民族文字,字喃对于京族人来说,并不只是一种普通意义上的文字,而是一种神圣的社会符号,并且往往被认为是一个社区、一个族群"有文化"的重要表征。事实上,京族人在哈节期间祭祀各方圣神所用的"唱词(本)""祝文"以及"师傅"们平时举行各种民间仪式时所用到的"符咒"等等,都是用字喃写成的,各村几无例外。除此之外,当地人（包括"桃姑"）唱哈歌所依据的传统京族民间歌本，如《京族哈歌》《京族传统叙事歌》等，也多以喃字写成。

虽然没有明文规定，但在传统的京族社会中，当地村民若想成为"翁村""翁祝"之类的民间精英分子，识得喃字通常被认为是其所必须具备的"文化素质"。因为作为哈节的主要组织者和仪式主持人，不熟悉喃字就无法按照传统的"规矩"办事，也就难以担当与之相对应的社会责任。这一点对于在哈节期间担负着朗读祝文的重大任务的"翁祝"来说尤其重要。"翁祝"不仅要熟知哈节祭祀的仪式程序，更要根据按照传统的格式以及村里当下的"实际情况"撰写各日祭祀圣神的祝文，并在仪式过程中高声朗诵而不能有任何差错。

传统的民族语言是京族人判断一个人是不是"正宗的京族人"的最为重要、同时也是最为直接的"依据"。在一些京族人看来，判断一个人是不是正宗的京族人其实很简单，只要看他会不会讲京族话就知道了。当然，如果一个人能够用京族人引以为豪的字喃进行书写和朗读，那就可以成为一个当之无愧的京族"知识分子"。事实上，自古以来，由于识字的人不多，能够熟练运用字喃的人，大多都是京族社会的精英分子，在当地社会中享有较高的地位。

虽然对于普通的京族人而言，"用嘴来讲讲"京族话，是一件简单得不能再简单的事，毕竟这是他们的母语。然而，要"用手来写"他们自己的语言，却不是容易的事，因为在20世纪50年代以前，真正读过书、有"文化"的京族人其实并不多。

◀ 用喃字书写的京族经书

第六章 京族民间文艺 141

喃字的传承

作为京族传统文化的重要载体之一，喃字被认为是京族人民族意识增强与民族文化发展的体现。而喃字的产生与发展，则在一定程度上反映了京族人的民族意识与性格，并折射出京族人对待外来文化的观念与处理方式。在我国京族地区，民间宗教文本，如经书以及各种民间仪式活动中所用到的"榜文""符咒"等，多用喃字书写。据一些当地老人所说，旧时在京族地区流行的一些民间"哈书"（歌本），也是用喃字书写的，只是后来因为认得喃字的人不多，这一类的文本才逐渐淡出当地人的社会生活。不过，京族民间精英人士对于喃字的研习，据说从来都没有间断过。旧时，一些京族村子在哈亭里设立有"字喃堂"，由村里的"老大"传授字喃的写法和用法。20世纪90年代以前，能说会写字喃的人，主要是一些民间宗教人士，如"翁村""师傅佬"等。而喃字的使用，也主要限于民间宗教活动之中。90年代以后，随着国内传统文化复兴热潮的掀起，一些对京族传统文化有着深厚感情的京族人开始学习喃字，并将一些用喃字书写的民间宗教经书、歌本等整理、翻译成普通汉字。而在当地政府部门的扶持下，一些京族民间宗教人士，也开始在京族地区举办喃字学习班，招收中青年村民学员，教授其喃字的读、写、唱技法，并从中挑选一些优秀学员进行专门培养，使之成为京族传统文化的重要传承者。

民间舞蹈

京族传统的民间舞蹈，主要有"进酒舞""进香舞""花棍舞""天灯舞""竹杠舞"等。"进酒舞""进香舞""花棍舞"和"天灯舞"是十分重要的仪式表演内容，一般在哈节仪式活动中表演，而"竹杠舞"作为一种传统舞蹈，也是深受京族人喜爱的集体性娱乐项目。

进酒舞

　　哈节期间，京族人在哈亭里向圣神敬酒之时，通常会由"桃姑"们跳起京族民间舞蹈为之助兴，当地人把这种舞蹈称为"进酒舞"。京族人将镇海大王等各方圣神"接回"哈亭后，每日都要在那里举行隆重的祭祀仪式，而敬酒则是其中必不可少的仪式内容。按照京族人的传统，在"司文官员"向圣神敬酒时，要有2~6位身着粉红色礼服的京族"桃姑"在哈亭的"龙庭"上跳"进酒舞"，以表达京族人对他们的无限敬意。"进酒舞"的舞蹈动作，主要包括"轮指手花"和"轮指手组合"两种。表演时，"桃姑"们在大鼓、小鼓、锣、钲的伴奏下翩翩起舞，轮番上前，敬请圣神进酒。

◀ 京族进酒舞

进香舞

　　"进香舞"是"桃姑"们在哈节第一次（每年）开始在哈亭唱哈之前所必须表演的京族传统民间舞蹈。在京族人看来，哈亭是一个严肃的地方，"桃姑"们在哈亭里唱哈，必须要得到圣神的同意。因此，在正式开始唱哈之前，为其献

◀ 京族进香舞

上一段"进香舞",即是希望能得到圣神的首肯。"进香舞"的表演动作,主要有"轮指绕香""三角步""圆场步"等。表演时,数位"桃姑"手执香火,面向圣神(神位)排好队,伴随鼓、钲的节奏下,一边唱"进香歌"《神灵灵》,一边跳舞。舞毕,"桃姑"们向圣神敬香,然后开始唱哈。

花棍舞

在哈节的最后一天,京族人要举行盛大的"送神"仪式。所谓的"送神",一方面是要体面、大方地欢送各方圣神,同时也意味着要将那些不请自来的孤魂野鬼们送走。因此,在"司文官员"将圣神"送出"哈亭之后,需要由"得力"的"桃姑"手持花棍,跳起舞步犀利泼辣、动作刚劲有力的"花棍舞",将"躲"在龙庭各处的鬼神一并驱逐出哈亭,以使哈亭内外保持其惯常所有的清静。"花棍舞"所用到的道具——花棍,棍芯长约50厘米、直径3~5厘米的木棍,外面包上一层色彩鲜艳的纸(塑料),再用薄竹片屑在上面扎四五圈花棱,中间夹少量白色的家禽羽毛(以鸭毛为多)。跳"花棍舞"时,"桃姑"两手各执一柄花棍,在急促的鼓、钲伴奏声中,以秋风扫落叶之势,依次朝龙庭的东、南、西、北四个方位舞动花棍。但见"桃姑"矫健的身影在哈亭里腾挪躲闪、进退有章,手中的两柄花棍更是上下翻飞,如同流星追月一般。待到最后,"桃姑"用嘴从花棍上咬扯下几片夹有羽毛的"花瓣",并大踏步舞至哈亭大门前,快速转身背对门口,用力将两支花棍背向大门外抛出……"花棍舞"表演完毕之后,哈节的"送神"仪式也就随之结束。

京族花棍舞

天灯舞

"天灯舞",当地人称之为"跳天灯",是京族最为重要的民间舞蹈之一,因这种舞蹈的表演者——"桃姑"在跳舞时需要头顶"天灯"而得名。作为一种宗教色彩浓厚的京族民间舞蹈,"天灯舞"一般只在哈亭里表演。在标志着新一年哈节开始的"新贺日"的晚上,"桃姑"们要在哈亭里跳起"天灯舞"。表演时,"桃姑"们身着节日盛装,头顶"天灯",手捧蜡烛,在哈亭里翩翩起舞,边唱边跳,祈求神灵保佑全村老少平安。

天灯歌

有谁月光上吊灯,有谁顺水泊船停。

高兴拍岸等嫔来,烦闷就来弹弓琴。

"天灯舞"所用到的"天灯",多用大碗做成。其做法是,选取轻薄且质地较好的大碗,外层用紫色彩纸包好,将其倒扣,在碗底的凹槽上放置一支蜡烛并固定好,一盏"天灯"就算是做成了。跳"天灯"前,要把"天灯"上的蜡烛点燃,再戴在"桃姑"头上。跳"天灯"时,除头顶戴有"天灯"之外,每位"桃姑"还要手捧两盏装在茶杯里的点燃着的蜡烛灯,以取"秉烛祭神"之意。"天灯舞"表演的手部动作,主要有转腕、摇臂等,其基本舞步则以"三角步"、躬身碎步为主。

◀ 京族天灯舞

竹杠舞

"竹杠舞",旧时又称"跳竹杠"。"跳竹杠"是哈节期间一种集体性的娱乐项目,深受当地年轻人喜爱。在哈节的仪式活动之余,成群结队的京族青年,带上跳舞所用的竹杠,相邀到村上的空旷地带,男子操杠、女子起舞,一时间,跳舞场上欢呼雀跃,欢声笑语不断。

"跳竹杠"据认为是京族人庆祝渔业丰收的一种民间舞蹈活动,是当地人"海上渔业生产方式的转化"。京族人长期在海上从事渔业生产,船只颠簸不定,需要有良好的平衡能力和灵巧的跳跃技巧。"竹杠舞"的舞蹈动作,正是针对海上作业对身体素质的这些要求而设计的。这种舞蹈,不仅可以用来娱乐,还可以训练舞者的节奏感、平衡感,培养其敏捷的反应力,使之更好地适应海上作业的要求。

传统"竹杠舞"舞场的布置,一般是先在平地上平放两条相距一丈左右的长木杠,然后在上面摆好4对竹杠,每对竹杠相隔约两尺。跳舞时,由8位男子分两组(每边4位)相向操杠。操杠人需蹲下操杠,一手一杠,按照鼓声的节拍,或开或合,不时

表演京族民间敬酒歌（图片由苏凯提供）

发出"的的、打打、拍拍"之声。而跳舞的女子，亦随着这些节拍，在竹杠之间轻盈跳跃。

民间故事

浩瀚无边的大海赋予京族人无尽的想象力。长久以来，京族人凭着对大海的无限热爱和对生活的美好憧憬，精心构建他们的精神家园。在漫长的历史发展进程中，京族人以言传身教的方式传承和保持民族传统文化，使之成为京族社会生活的重要依托。与此同时，一些当地人喜闻乐见的民间传说、民间故事，也因为有着极其广泛的社会受众而成为传承京族传统文化的重要载体。

流传于京族地区的民间故事，内容丰富、数量庞大。就其题材而言，大致上可以分为神话传说、爱情故事、动植物故事、生活故事等。

神话传说

京族民间有很多神话传说。当地家喻户晓的《三岛传说》《京岛传说》无疑是其中最为著名的神话故事，这两个神话故事都讲述了神灵降魔伏妖、创造京族三岛的过程。除此之外，《天神赎罪》《猎人诛妖》《珠子降龙》《田头公》《海花》《蟾蜍将军》等，也是传统京族社会中广为人知的神话故事。《天神赎罪》讲的是一个因醉酒而自责的天神，降生为农家耕牛，造福贫苦人家的故事。《猎人诛妖》描述了猎人从蛤蚧精盘踞的山洞里抢救落难姑娘的惊险过程，《珠子降龙》讲的是珠子降伏妖龙、保卫海岛的故事。《田头公》的故事

◀ 节日里的京族姑娘

讲述了田头公在家事与国事之间的艰难抉择,《海花》讲述的是贫穷善良的海生与海花夫妇在黑恶势力面前不屈不挠的动人故事,《蟾蜍将军》讲的是镇海大王投胎寻常百姓家,化身蟾蜍保家卫国的故事。

珠子降龙

(节选自苏锡权口述,苏维光、符达升收集整理的同名京族民间故事)

很久以前,在北部湾的茫茫大海之中,屹立着一座美丽的小岛。岛上鸟语花香、四季如春,当地百姓耕田做海,丰衣足食。怎曾想到,有一天,海岛上突然狂风大作、飞沙走石。大风过后,岛上草木枯黄,一片凄凉景象。

这一天晚上,岛上有位寡妇做了一个奇怪的梦。她梦见一只白鹤从云端里飞出,衔着一颗明珠向她飞来。临近她家的时候,白鹤把明珠吐出。只见那明珠在空中晃晃悠悠地飘来飘去,然后倏的一声钻进了她的肚子。寡妇惊醒之后,感到肚子里一阵钻心的疼痛,随即生出一颗碗口大小的玉珠来。在她惊魂未定的时候,玉珠又"嘭"的一声裂开了,从里面跳出一个一尺多高的小男孩儿。小男孩儿日长一尺,数日之间就成为一个体形健硕的小伙子。惊喜之余,母亲为男孩儿取名"珠子"。

珠子对岛上的乡亲们说,前些日子岛上刮来的阴风,全是海上的妖龙降下来的灾祸。只要找到天剑,斩除妖龙,岛上就可以恢复往日的安宁。珠子的这种说法,令乡亲们半信半疑。只是他所提到的"天剑",大家却都比较熟悉,因为在离岛不远的地方,有一块从外形上看很像宝剑的大礁石,旁边还写着"天剑在此"的字样。

珠子于是扛着石凿和铁锤,带上干粮和水,划船来到大礁石所在的地方,要把天剑从大礁石上凿出来。在凿断了七七四十九把凿子、被石头划破了七七四十九道伤口之后,珠子终于把那柄沉重的天剑凿了出来。回到家以后,珠子苦练七七四十九天,法术、剑术都变得异常精湛,不仅可以踏水凌波,更能挥剑生霹雳。

出征的日子到了。珠子顺着妖风的印迹,涉海找到正准备为非作歹的妖龙。开始时妖龙并不把身材矮小的珠子放在眼里,只是在被珠子不由分说的几道霹雳剑打得头冒金星之后才意识到对手的不简单。珠子在海上和妖龙打了整整两天两夜，终于将妖龙降服。

喜讯传来，岛上的乡亲们无比振奋。人们为珠子的胜利奔走相告，被他的信心和勇气所鼓舞，并为这份来之不易的安宁感到欢欣。一个阳光明媚的早晨，云端里飞出一只白鹤，悄然来到珠子身边。珠子知道，自己要走了。他恋恋不舍地骑上白鹤，与亲爱的母亲、朝夕相处的乡亲们挥手道别，朝着布满彩霞的天边飞去。

爱情故事

在京族民间故事当中，爱情故事是其中最为重要的组成部分。《宋珍与陈菊花》《海妹与海哥》《榄下姻缘》《金桃姑娘》等，是京族民间脍炙人口的爱情故事。《宋珍与陈菊花》是京族地区流传甚广的爱情故事，说的是寒门子弟宋珍在富家女儿陈菊花的鼓励和支持下勤奋读书，并在功成名就之后仍然保持着对陈菊花的忠诚，歌颂了两人忠贞不渝的爱情。《海妹与海哥》讲述了海妹与海哥凄美的爱情故事，《榄下姻缘》讲的是一位芙蓉国的仙郎与散失双亲的姑娘之间的奇妙姻缘。在《金桃姑娘》的故事里，海龙王的七公主金桃，因爱慕忠直纯朴的渔郎而与之来到凡人世间，被海龙王兴兵问罪，最终两人只能天各一方。令人荡气回肠的爱情故事，反映了京族人对美好生活和纯洁爱情的无尽向往。

海妹和海哥

（节选自黄兆文口述，苏维光、符达升收集整理的同名京族民间故事）

从前，京岛上有个叫海妹的姑娘，爱上了一个叫海哥的小伙子。海妹的父亲是当地有名的财主，不同意他们在一起——因为海哥是一个无依无靠的孤儿，家里没有田地、没有像样的渔船，住的屋子也破烂不堪。

为了不让海妹和海哥来往，狠心的父亲把海妹关在家里，不准她离开家门半步。只是，大门关得了海妹的人，却关不住海妹的心。海妹对海哥的思念与日俱增。而海哥，也只能用歌声来倾诉自己对海妹的爱慕之情。

有一天晚上,伤心的海妹正伏在窗台上哭泣,忽然有一只小鸟飞到窗前,叽叽喳喳地叫喊,不管怎么赶都不肯离开。海妹觉得好生奇怪,止住哭泣,轻声对小鸟说:"小鸟小鸟,你在这里做什么哩,快回家吧。"不料小鸟却说:"姑娘啊,你在哭什么呢,这里不是你的家吗?"海妹说:"这里虽然是我的家,但却见不到我的心上人啊。"小鸟说:"美丽善良的姑娘啊,我可以驮你去啊。"话音刚落,小鸟就变成了一只硕大的白鹤。海妹骑上白鹤,悄无声息地飞到海哥的身边。海妹的到来,令海哥喜出望外。只是,海哥海妹也想到,以海妹父亲在岛上的势力,终究是不会答应他们生活在一起的。于是,二人决定离开这里,到更远的地方去寻找他们的幸福生活。

海妹的出走,还是很快就被警觉性极高的父亲发现了。因此,当海哥、海妹正划着竹排准备离开海岸、驶向深海的时候,财主的家丁打着火把追了上来。海妹被带回家去了,而海哥被海浪卷走。第二天当海哥醒来的时候,发现自己躺在一个荒无人烟的岛上。但疲劳和困倦却使他很快便又昏睡过去。在迷迷糊糊的睡梦中,海哥遇见了一位童颜鹤发的老者,并把自己的苦难经历向老者诉说。老者送给海哥一个金光闪闪的彩贝,说是会对他有用。海哥醒来后,老者不见了,但彩贝却被自己紧紧地攥在手心上。尽管有些不舍,善良的海哥还是决定把这颗美丽的彩贝放生。然而,彩贝刚一入水,就变成了一只海雀,飞到他的肩上,问:"主人,我有什么可以帮您的?"海哥请海雀给海妹带个信,说他还活着。

海雀飞越茫茫大海来到海妹家,把海哥仍然活着的消息告诉海妹。伤心欲绝的海妹顿时破涕为笑,让海雀回去告诉海哥,说即便天崩地裂她都不肯与海哥分离,并让海哥想尽一切办法回到岛上来。在海雀的帮助下,海哥用老鹰的皮和羽毛做成了一对会飞的翅膀。海哥飞回海岛,带上美丽的海妹,到了一个远离世间纷争的地方,在那里生儿育女,过着幸福美满的生活。

动植物故事

京族民间故事对当地的动植物特别"关照"。无论是大海里的龙王,还是乌龟、鱼、虾、蟹、鲨、螺贝等,都是众多京族民间故事所讲述的对象。而陆上的猫、狗、老虎、老鼠、鹅、鸡、鸭、海獭等，也都可以在这些故事里面找到它们的位置。此外，一些京族地区的特产植物，如榄树等，往往也成为京族民间故事所关注的对象。在20世纪80年代所收集的京族民间故事中，《海龙王开大会》《海龙王救墨鱼》《白牛鱼的故事》《灰老鱼的故事》《鲨的故事》《乌龟头》《海白鳝和长颈鹤》《公蟹和母蟹》《海獭》《山榄探海》《猫和狗》《猫、虎、老鼠》《老虎与螺贝》《狪猫》等，都是京族地区流传甚广的故事。这些或多或少带有些诙谐色彩的故事，讲述了各种类海产品的"来历"及其某些生理特点的形成原因，描绘了京族地区各种海生、陆生动植物之间的趣味关系。

生活故事

京族民间故事最不可或缺的内容，或许就是反映世间百态的生活故事了。讲述京族机智人物计叔的系列民间故事，时常为当地人津津乐道。计叔的系列故事主要包括《赶蟹·钓虾》《鸭仙》《娶妻》《买鱼》《审树》《赶虎》《鱼头宴》《塘角鱼》等，这些故事讲述了计叔在与官府衙门以及地方恶势力斗争过程中所表现出来的大智大勇，并将计叔塑造成为京族人智慧的象征。其他的京族生活故事，如《打鼓抓贼》《三姑爷揽鸭》《杨桃树》《好心的弟弟与坏心的哥哥》等，则通过一些社会事件的描述，对京族社会丑恶现象进行了严厉的鞭挞，并以此劝导人们与人为善、与邻为伴，表达了京族人期待和睦相处、共建美好家园的愿望。

表演京族民间天灯舞（图片由苏凯提供）

第七章
大海之子

  京族是一个英雄的民族，一个人才辈出的民族。近现代以来，京族人与其他兄弟民族一道，为捍卫祖国统一而浴血奋战，涌现了一大批民族英雄。在新的历史发展时期，更有为数众多的京族文化精英，为了社会经济发展和文化繁荣而呕心沥血。

写篇祭文,流传世代。
颂念官公,名杜光辉?
上承祖师,大师主位。
父杜胜利,生儿一对,
次子光达,驻外管队。
长子阳平,光辉乃是
学师识法,将才名士。
他的平生,英雄第一,
为国为民,有志成事。
生养故土福安村,
地灵孕育真英雄。
笑口常开人喜爱,
学法才高文精通。
行事快速如行风,
驱风拨云显神通;
做事快速如风火,
助人为乐不图功。
他人做事实殷勤,
忠诚救国爱护民。
是年岁值癸亥时,
三十三岁进军营。
当时法国侵略军,
侵略越南把爪张;
法贼是群贪心鬼,
铁蹄又踏我边防。
人民苦难更加深,
激起爱国爱民心。
举起义旗聚义士,
参加抗法黑旗军。

——《京族英雄杜光辉》

▲

供奉在沥尾岛哈亭里的杜光辉神位

　　京族人是京族历史的创造者。把人迹罕至的荒岛,建设成为美丽如画的富足家园,京族人用他们的勤劳和智慧,书写了沧海变桑田的动人篇章。京族地区的繁荣和稳定,得益于当地得天独厚的自然条件，更离不开千百年来当地民众所付出的艰辛和努力。他们当中的一些贤人志士，或是在历史发展的关键时刻不畏艰险、勇于担当，或是在平常日子里身体力行、坚守自己的传统，这些令当地人引以为豪的大海的子孙，是京族社会发展的中流砥柱。

民族英雄

京族是一个顽强不屈的民族。近现代以来，在抵抗外来侵略、捍卫国家主权和民族尊严的斗争中，京族人用他们的凛然正气，抒写了这个海洋民族的英雄情怀。"黑旗英雄"杜光辉、京族头人苏光清，是其中最为闪亮的名字。

"黑旗英雄"杜光辉

杜光辉（1840—1928），沥尾岛福安村人，著名黑旗军将领。杜光辉生于贫寒之家，加之当时京族地区匪患频仍，童年生活极其艰辛。少年时期的杜光辉志存高远，在随父捕鱼之余不忘读书习武，深为村人赏识。及长，在苦于匪患的当地京、汉族人的倡议下，杜光辉召集岛上各族青年民众，结盟立誓，决心合力抵抗外来盗匪的侵扰。年轻的杜光辉很快就显露出其卓越的军事才能，在他的带领下，村民们在村寨周围广设陷阱，利用竹签、木棍等多次击退盗匪的进攻，为保卫家乡的安宁立下汗马功劳。

1883年，法国殖民者发动了对我国邻邦越南的侵略战争，战火迅速蔓延到中越边境地区。入侵法军在京族地区烧杀掳掠、无恶不作，京、汉民众深受其害。血气方刚的杜光辉目睹法军的野蛮行径，毅然率领当地村人加入抗法名将刘永福领导的黑旗军，投入到抗击法国侵略者的行列当中。杜光辉率领的军队虽然人数

◀ 用喃字书写的京族经书

不多，但纪律严明、骁勇善战、作风顽强，多次痛击入侵越南芒街镇以及我国江平镇一带的法国侵略者。由于战功卓著，杜光辉被清政府授予八品顶戴之赏，京族人也曾为其立有"功名第一杜光辉"的石碑。而足智多谋的杜光辉在指挥战斗时所运用的"黄豆计""陷阱计""草人计"，至今仍为当地民众所称道。

> **知识链接** 京族民间故事：黄豆计
>
> 杜光辉率领的抗法义军主要在江平镇一带抗击法国侵略军，义军将士志同道合，纪律严明，常常打胜仗，到哪里都受到当地老百姓的欢迎。
>
> 有一次，杜光辉故意走漏消息，把法国侵略者引进深山。杜光辉布置义军预先在一条陡峭的深谷埋伏好，一面安排一个小分队边打边撤退，并在山谷的石板路上撒了一把一把的黄豆。
>
> 法国侵略军穿着高统皮靴追赶义军，踩着地上的黄豆三步一滑，两步一跌，一步一歪扭，像醉汉一样不时撞倒在石头和树枝上。撞得头破血流的法军还骂骂咧咧地说打鱼人真该死，连逃命也把黄豆掉在路上了。
>
> 正当他们跌跌撞撞，前仰后翻的时候，杜光辉一声令下，义军一齐动手，箭弹齐飞，檑木滚、石头落。法国人还没有来得及醒悟过来，就死的死、伤的伤，尸体像乱石一样横满深谷。
>
> 山口的法国侵略军见势不妙，扭头就跑。等到他们重新组织好队伍再次包围上来时，杜光辉的义军早已捡了法国强盗丢下的枪弹跑得无影无踪了。

中法战争结束后，重归故里的杜光辉积极投身京族地区的教育事业。他与黄志光等人在沥尾岛创办私塾，为京族子弟提供读书识字的机会。鉴于杜光辉为谋求家乡民众福祉所付出的努力，以及其为国家边疆的稳定和繁荣所做出的巨大贡献，沥尾岛中间村的京族人把杜光辉的牌位供奉在哈亭的神台之上，每至重大节日均以厚礼祭拜。

京族头人苏光清

沥尾岛苏姓家族第四代先祖苏光清，是京族地区广受尊崇的"头人"。

苏光清，法名苏三郎，字法仙，曾任海宁府万宁州宁海总里役副总职务。据京族民间资料记载，苏光清大约生于1819年，自幼读书习武，行侠仗义，成年后成为深受京族乡民拥戴的头人。

1840年鸦片战争爆发后，胆识过人的苏光清组织京族地区各族民众奋起反抗，充分发挥当地人熟悉地形并谙熟水性的优势，采取灵活多变的战术，沉重打击了西洋鸦片船只的入侵，并因战功被清政府任命为宁海副总。

苏光清同时也是一位深得京族人信赖的头人。为了维护京族人的正当权益，苏光清往往四处奔走、不遗余力。自从洪顺年间定居京族三岛以后，由于没有专属的海上作业区，京族人的渔业生产时常受到诸多外来干扰，一些地方"朝文"（祭文）曾有过京族人捕鱼时曾有"遭人驱赶、欺侮之苦"的记述。为了妥善解决专属作业区的问题，苏光清多方努力，并经由当时在防城县府任职的京族官员苏光宝从中斡旋，清政府的地方当局最后同意下达正式官文，划定北部湾海面西至竹山入海河口，东至白龙半岛入海口，南至白苏公石礁海域为京族三岛渔民的海上作业区，其他人员、船只不得擅自进入此一海域作业。从此以后，京族人有了自己的专属作业区。

◀ 记载京族统领苏光清生平事迹的"文朝"

京族文化传承人

京族人创造了绚烂多姿的民族传统文化。作为中华民族大家庭里一个"新兴的"、人口较少的民族群体，京族人或许没有令人羡慕的厚重的历史记忆，但是京族传统文化却在民族文化之林中独树一帜，成为北部湾地域文化的一朵奇葩。这种现象的出现，与近现代以来京族人对于传统文化的坚持和守望是分不开的，更凝聚了包括民间乐师、仪式专家和歌舞艺人在内的众多京族民间文化传承人的艰辛和努力。

京族乐师

现当代京族地区涌现了一大批技艺精湛的独弦琴乐师。其中，最著名的民间乐师当属苏善辉、阮世和二人，而何绍、苏春发等当代琴师的努力，则使独弦琴这一民间乐器蜚声海内外。

苏善辉（1915—1963），沥尾岛人，曾因在独弦琴演奏上的巨大成就被誉为现当代中国京族的"第一代独弦琴手"。苏善辉自幼便表现出对独弦琴演奏的痴迷与执着。由于生活条件所限，苏善辉在习艺之初没有得到专业琴师的更多指导。然而，小小年纪的苏善辉并不气馁，他尝试着自己做琴、自己琢磨弹奏技艺，并把自己的思想感情融入乐曲的演奏当中。每有闲暇，苏善辉就操琴练习，时常达至如痴如醉的境地。随着琴艺的不断长进，苏善辉开始为当地村民演奏独弦琴曲，用悠扬的琴声诉说他们的喜怒哀乐。苏善辉所弹奏的《高山流水》《骑马》等曲目，音色优美、节奏舒缓，是京族独弦琴曲的经典之作。20世纪50年代，苏善辉与阮世和一道，应邀赴广州中山纪念堂演奏独弦琴曲《高山流水》，曾经轰动一时。

阮世和（1908—1993），沥尾岛人，著名京族独弦琴弹唱乐师。阮世和小时读过私塾，长大后做过帮工，还外出江平镇等地打过杂工，人生阅历比较丰富。阮世和在少年之时即开始学唱京族民歌，并自学独弦琴弹奏技艺。聪慧的阮世和不仅琴学得好，更善于用琴声来表达自己的人生体悟，其所弹奏的京族传统独弦琴乐曲《高山流水》《静静的大海》《做海》等，悠扬舒缓、凄婉动听，是京族独弦琴曲中难得一见的上乘之作。与此同时，擅长唱歌、会讲故事的阮世和，还创立了一套将故事叙述与弹唱相结合的民间曲艺表演形式，极大地丰富京族独弦琴艺术的内涵。晚年的阮世和致力于京族独弦琴艺术人才的培养，为京族传统文化的传承和发展做出了突出贡献。

何绍，1944年生于防城县那良镇大村，祖母为京族人。1960年，年仅16岁的何绍凭着其出色的竹笛和板胡演奏水平被东兴各族自治县文工团录用。1961年，何绍被选派到沥尾岛向京族民间艺人苏善辉学习独弦琴弹奏技艺。在此期间，何绍白天与老艺人一起出海捕鱼，晚上向老艺人学琴。勤奋好学的何绍深得老艺人欢心，老艺人毫无保留地把京族独弦琴的演奏技法传授给这位热爱京族民间音乐的青年才俊。在此后的40多年间，何绍潜心研究独弦琴的演奏技艺，并对传统的独弦琴进行改造，使之更适应于

独弦琴演奏家何绍

现代曲艺演奏。1993年,何绍研制的"京族多功能独弦琴"获得国家文化科技进步三等奖。作为一位富有原创精神的京族曲艺作家,何绍创作了大量独弦琴作品。他所创作的《海之春》等独弦琴曲目,曲调豪迈奔放,一改传统琴曲的凄婉风格,令人叹为观止。

苏春发,1955年出生,汃尾岛人,京族非物质文化遗产传承人,当代京族独弦琴乐师。苏春发是著名独弦琴乐师苏善辉的侄子,很小的时候就表现出对独弦琴的浓厚兴趣,经常陪着善辉叔去放牛——因为放牛的时候可以听到叔叔弹琴。年纪稍长以后,苏春发在叔叔的指点下用毛竹制

独弦琴艺术传承人苏春发

作了自己的第一把独弦琴,一有时间就到树林里练琴。苏善辉去世后,苏春发又拜阮世和为师。在阮世和的调教之下,苏春发的琴艺突飞猛进,很快就成为村里文艺队的艺术骨干。20世纪90年代以后,苏春发在继续其独弦琴演奏事业的同时,致力于京族独弦琴艺术人才的培养,为京族非物质文化遗产的传承和发展付出了大量心血,并于2008年被确定为国家级非物质文化遗产项目——京族独弦琴艺术的传承人。

民间歌手

京族是一个能歌善舞的民族。近现代以来，京族民间歌手层出不穷，他们所创作、演唱的民间歌谣无可胜数。一些歌手不仅受到乡间百姓的拥戴，他们的演唱技艺也得到了地方社会的广泛好评。

黄成金（1911—1997），女，沥尾岛人，著名京族民间歌舞艺人。年少之时家境贫寒，7岁时就开始放牛，12岁跟随父亲学唱哈歌。黄成金勤学肯练，很快就掌握了各种哈节礼仪歌舞项目的表演技巧，17岁就开始在京族地区表演京族传统舞蹈节目，被认为是沥尾哈亭有资料记载的第一代哈妹。黄成金继承和发展京族民间舞蹈，将"进香舞""进酒舞""灯舞"等传统双人舞改编成为四人舞，在"采茶摸螺歌"中配上舞蹈动作，令人耳目一新。1957—1958年，由黄成金指导排练并参加演出的"灯舞""花棍舞"，先后参加广东省第一届少数民族文艺会演和广东省湛江地区文艺会演得到广泛好评，曾荣获优秀节目奖。20世纪80年代，年逾七十的黄成金，仍然活跃在京族民间文艺舞台之上，是当时京族地区年纪最长、影响最大的"哈妹"。

阮继儒（1912—2004），山心岛人，著名京族民间歌手、哈节仪式主持人。阮继儒小时候读过两年私塾，民国年间曾上过学堂，15岁时高小毕业于江平小学。阮继儒能够熟练使用汉语、汉字，精通喃字，曾随伯父阮朝仁研习京族民间仪式，是一位知识全面的民间表演艺术家，在京族地区享有很高威望。阮继儒谙熟京族传统仪式，对于京族民间音乐和传统舞蹈颇有心得，是哈节各项仪式活动的组织者和主持人。阮继儒编唱过大量京族民歌，尤以情歌见长。他所编唱的民歌，如《盼歌》等，曾被当

> **知识链接** 京族民歌：《盼歌》（阮继儒）
> 盼凤凰能配金鸡，
> 让我俩能共一家。
> 盼能心心相向，
> 盼能得阿哥善意教诲。
> 盼能达如意心愿，
> 盼能进出同家。
> 盼蝴蝶飞近花，
> 盼伴侣交结与共。
> 盼槟榔与蒌叶卷在一块，
> 盼我俩永在一起。
> 盼我俩出入不离，
> 盼我俩像鲜花共一枝。

地民众广泛传唱。

裴永彬（1930—2013），沥尾岛人，著名京族民间歌手。裴永彬6岁开始学唱哈，16岁即成为哈节仪式活动中的"哈哥"。语言天赋极佳的裴永彬，不仅可以熟练编唱京族民间歌谣，同时还能与周边地区的汉、壮、瑶族歌手对唱山歌、海歌。1950年，裴永彬加入中国人民解放军，不久后参加抗美援朝战争。20世纪80年代以后，裴永彬经常回乡参与各种民间歌唱活动，其间创作了大量京族民间歌谣。他所编唱《我的家乡沥尾村》《欢乐友谊歌》《结义歌》《天灯歌》《进香歌》《独弦琴之歌》等，脍炙人口。晚年的裴永彬，热心于京族传统文化的传承和保护事业，收集、整理了大批京族民间文艺活动资料，并着力培养京族歌手。

> **知识链接** 京族民歌：《水长流》（裴永彬）
>
> 问：地大物博数哪州？
> 　　什么江河水长流？
> 　　九亿人民跟谁走？
> 　　几时解除人忧愁？
> 答：地大物博数神州。
> 　　长江黄河水长流，
> 　　九亿人民跟党走，
> 　　实现"四化"无忧愁。

阮成珍（1938—2013），女，山心岛人，著名京族民间歌手。少年时期跟随祖父阮朝仁、叔父阮继儒学唱哈歌，后又师从京族民间歌手黄成金。阮成珍嗓音圆润，擅长演唱抒情性民歌，是京族哈节庆典活动中最为活跃的"哈妹"之一。1959年，阮成珍加入东兴各族自治县文工团，成为专业歌手。20世纪80年代以后，阮成珍积极参与京族民间歌唱活动，编唱了《树上香花留等谁》等70余首京族民歌，并创编整理了《采茶》《跳乐》《灯舞》等京族民间舞蹈。

京族文化精英

"私塾先生"苏锡权

苏锡权（1901—1988），沥尾岛人，私塾先生、著名京族民间故事家。苏锡权生在贫苦渔民家庭，8岁之时就开始为村上人家放牛以维持家庭生计，但勤奋好学，志向远大。1906年，杜光辉、黄志光等人在沥尾村创办私塾，招收京族子弟并对其进行识字教育，苏锡权得以有机会入学念书。记性好、想象力丰富的少年苏锡权，不仅可以很快记住课堂学习过的内容，同时能够发挥自己的想象，进一步深化对所学知识的认识和理解。16岁时，苏锡权经人介绍到当地的冲朴中学当校役。好学的苏锡权充分利用业余时间旁听学校教员讲课，学业不断长进。20世纪30年代，苏锡权回到沥尾村，在杜光辉等人创办的私塾继续开展识字教育，为提高京族子弟的识字能力、推动京族地区教育事业的发展做出了积极贡献。苏锡权同时还是一位京族民间故事家，他收集、整理、讲述过众多京族民间故事，在《京族民间故事》一书所收录的50个故事当中，由他讲述的故事就有24个。苏锡权讲述的民间故事数量庞大，题材广泛，情节跌宕起伏、引人入胜，深受当地听众、读者欢迎，被誉为"京族民间文学的词典和资料库"。

京族作家李英敏

李英敏，1917年生人，原名何世权，著名京族作家。李英敏的祖父何安和，原在越南海防县沿海地区捕鱼为生，清朝末期迁入广东省合浦县北海镇（今北海市）。李英敏之父何家绍，早年毕业于广东高等师范学堂（中山大学前身），曾是中国同盟会会员，参加过黄兴所领导的钦廉州和镇南关武装起义，辛亥革命后曾在黄明堂部任职。1918年，李父在广州逝世，李英敏回到合浦县廉州镇外祖母家生活。少年时期的李英敏广泛阅读国内外文学作品，学习用功、思想活跃。1933年，还是高中生的李英敏就开始学习文学创作，组织出版过《镭光》等文艺刊物并向文学刊物投稿，并积极向《北新月刊》《北斗》《奔流》等刊物投稿。1936年夏，李英敏考取中山大学社会学系，但由于家庭经济困难无法继续学业。同年11月，年仅19岁的李英敏以笔名"微晨"向邹韬奋主编出版的《生活日报》撰文投稿，其稿件在"纪念鲁迅专刊"上发表并获奖。1937年，李英敏从广州回到合浦，先后在公馆镇第五中学、廉州中学附小、勾刀水小学任教，运用其社会关系开展统一战线工作。在此期间，李英敏曾担任《合浦日报》编辑之职。

1940年8月，李英敏前往海南岛工作。自此时起，他开始使用"李英敏"的笔名。在海南工作期间，李英敏曾担任《抗日新闻》《新文昌报》《新琼崖报》《新民主报》等报刊的主编，发表过大量反映海南革命斗争的作品。1952年，李英敏调任文化部电影局工作。此后数年间，李英敏完成了电影文学剧本《椰林曲》《南岛风云》《越过海上封锁线》的写作，迎来了第一次创作高峰期。1955年，上海电影制片厂根据《南岛风云》剧本摄制的同名电影在全国公映后好评如潮，并荣获文化部优秀影片奖。1958年至1978年期间，李英敏仍然坚持其文学创作之路，完成了电影文学剧本《五指山之歌》，长篇小说《秋霜红叶》《王国兴传奇》《小手枪》以及40余中短篇小说和数十篇散文和报告文学的创作。

1978年以后，李英敏的文学创作进入第二个高峰期。电影文学剧本《夏朗》《南国红豆集》，小说集《椰风蕉雨》，报告文学《五指山上飘红云》《椰岛英风》《五月的鲜花》《红树林里的战斗》的出版，为李英敏赢得了广泛赞誉。尽管李英敏的文学作品，主要描写他长期工作过的地方——海南岛各民族的社会生活，但作为一位京族作家，李英敏在文学上的巨大成就，仍然激励和鼓舞了众多京族文学爱好者走上文学创作的道路。

京族民间文艺作家苏维光

苏维光（1930—1998），沥尾岛人，京族民间文艺作家、诗人，"私塾先生"苏锡权之子。苏维光自小喜爱京族民间音乐，尤其喜欢京族民歌，高中毕业后被保送到广东省民族学院学习，回到家乡工作后曾任防城各族自治县文化局副局长、防城各族自治县民族事务委员会副主任等行政职务。作为渔家子弟，苏维光对京族人传统的风俗习惯较为熟知，对京族民间文学亦有深入研究，是一位集编、唱、写于一身的京族民间文艺作家。在繁忙的行政工作之余，苏维光收集、整理、编唱了大量反映时代生活的京族民歌，参与了《京族民歌选》《京族民间故事选》《毛南族、京族民间故事选》《毛南、京、仫佬、回、彝、水族故事选》的编写工作，他与著名京族民间歌手裴永彬合著的《京族民歌格律》，是1949年以来最具影响的京族民歌研究论著之一。20世纪

70年代，苏维光开始发表个人诗作，被认为是"第一个用笔写诗的京族诗人"。他的诗歌大多为民歌体，婉转、缠绵，构思巧妙，体现了京族人朴实的个性和丰富的情感世界。苏维光的诗歌代表作主要有《掷木叶》《石花》等，其中长篇叙事诗《石花》是京族文学史上第一篇书面文学的叙事诗。

> **知识链接** 《掷木叶》（苏维光）
>
> 叶片替我着想，
> 我掷撒到她身上：
> 你莫着急落地，
> 你紧紧把着她衣裳……
> 叶片哪替我着想，
> 委托你帮我做红娘；
> 轻轻试探她心思，
> 听听她有什么反响。
> 但愿她摘叶掷过来，
> 以表达对我的衷肠……
> 姑娘射眼暗中想：
> 后生人品是好样。
> 紧抓树叶心扑扑跳，
> 咬嘴唇回掷他身上……
> 叶片真为我着想
> ——好像雨点落在我身上；
> 叶虽轻但分量重啊，我焦闷的心顿时舒畅！
> 树叶真为我着想
> ——春风送暖喜气溢洋。
> 如今人乐叶欢齐争艳，
> 根深叶茂花果四季飘香。

喃字专家苏维芳

苏维芳，1942年出生，沥尾岛人，京族文化研究专家。苏维芳生在一个有着浓郁传统文化氛围的京族家庭，他的外公阮其福曾是当时京族地区最有名的"师傅"，而父母亲都是唱哈爱好者。在外公的引导下，苏维芳不仅学会了旧时京族民间文字——喃字，同时也通过一些民间经书的研习，对京族历史和文化传统有了较之常人更加全面而深刻的认识。1960年，才华出众的青年苏维芳被推荐担任沥尾大队团支部书记兼文艺宣传队长。

苏维芳以己之所长，把许多京族民间故事改编成适合于舞台表演的小戏剧，深受当地民众欢迎。1965年，苏维芳应征入伍，在经过一段时间的集中培训之后调到前线担当越语翻译，加入抗美援越的行列。20世纪70年代，在广州军区工作的苏维芳多次被送到高校深造，知识素养和语言能力显著提升。

21世纪以后，地方政府高度重视京族传统文化的传承和发展问题。凭着对民族文化的满腔热情，苏维芳积极参与各种京族传统文化保护活动。在此过程中，他深深意识到，在经历了多次政治运动之后，京族民间文本已经陷入到濒临消失的境地，收集、整理、抢救这些文本的工作刻不容缓。与此同时，让更多的京族人尤其是年轻一代通过这些民间文本了解京族、认识京族的传统文化，亦是当务之急。为此，苏维芳充分发挥自己熟悉越南语言、精通京族喃字且汉语基础较好的优势，把收集到的各类京族民间经书、歌本等翻译成汉语，使之成为普通人都可以读懂的、活态的京族文化载体。在2002年以后的十多年间，苏维芳收集翻译京族民间经书、歌本100多册，整理京族传统文化资料近200万字。喃字本《京族喃字史歌集》《宋珍》《京族英雄杜光辉》《金云翘新传》等民间古籍的整理，倾注了苏维芳的大量心血。

为了使京族传统文化得到更好地传承和发展，苏维芳着力于喃字研究人才的培养，并吸引更多年轻人投身其中。2003年，苏维芳在沥尾岛举办京族喃字培训班，为当地人义务讲授喃字的相关知识，培养了数十位京族喃字人才。2009年，在苏维芳的努力下，防城港市民间文艺家协会成立了京族字喃（喃字）文化传承研究中心，专注于京族喃字的传承以及疑难喃字、喃字与汉字之间关系的研究，并致力于京族民歌、京族民间传说等的收集、整理工作。京族传统喃字自此有了一个更为宽松的传承和发展平台，而作为京族喃字研究专家的苏维芳也因此成为国内外众多媒体的关注对象。

京族散文家张永东

张永东，1953年出生，山心岛人，笔名思柳、斯柳，京族散文作家。张永东出生在一个充满民间文艺情趣的渔民家庭，外祖母、舅父和父母亲都是京族民间歌手。1971年，时年18岁的张永东应征入伍，三年后退伍回乡。1977年我国恢复高考，张永东顺利考入中央民族学院汉语言文学系，成为京族地区最早一批大学生。张永东在1982年以后开始文学创作，陆续发表《"沙蟹篮"里蟹汁香》《京岛的拉堤果》等描写京族风土人情的散文。尽管曾经创作《归家》《梦的变故》一类爱情小说，张永东更倾心于散文和散文诗的创作。张永东的作品，时常以朴实的笔调，抒发作者对于故乡的思念、对生活的热望。《故乡的港湾》《夏雨》等，是其最为重要的代表性著作。

京族书法名家张永志

张永志，1967年出生，沥尾岛人，又名正阳生、京家墨客、寻墨是金、寻墨视今等，京族书法家。张永志自言"一生结缘于金石书画和文学"，上学识字以后便时常用手指、树枝在海滩、沙丘上练字，"挥写自己的学书之路和童年之梦"。20世纪80年代初，张永志进入南宁书画夜校学习，并得到广西书画名家的指导。1989—1993年，就读于中国书画函授大学书法系，并以优异成绩毕业。在此期间，张永志苦心临读古今名家碑帖，在隶书、行草等方面用功甚勤，此外还时有涉足篆刻、书论等领域。张永志的书法风格古朴奇雅、秀逸多变，作品多次在各类书法比赛中获奖，多幅作品载入《当代书法家精品》《中国硬笔书法家大辞典》《中国当代书画名家精品大典》《中华翰墨名家作品大观》《世界华人文学艺术名人大辞典》等大型辞书和作品集，其代表性作品主要有《张永志书法作品集》等。

20世纪90年代以后，张永志在地方书法界异常活跃。他曾多次组织书法展览和书画交流活动，为京族地区书画艺术事业的发展做出了积极贡献，先后被中国文联等部门授予"海峡两岸德艺双馨艺术家""著名书法艺术家""中国当代杰出书画家""中华当代杰出功勋艺术家""当代中国书画收藏市场最具收藏价值艺术家"等荣誉称号。

参考文献

1. 《后汉书》
2. 《明太宗实录》
3. 《拾遗记》
4. 《大越史记全书本纪实录》
5. （越南）陶维英. 刘统文，子钺译. 越南古代史. 北京：商务印书馆，1976
6. 京族简史编写组. 京族简史. 南宁：广西民族出版社，1984
7. 中国曲艺音乐集成全国编辑委员会. 中国曲艺音乐集成·广西卷. 北京：中国ISBN中心，2005
8. 中华舞蹈志编辑委员会. 中华舞蹈志·广西卷. 北京：学林出版社，2004
9. 陈驹. 独弦琴源流考辨. 广西大学学报（哲学社会科学版），1986（1）
10. 陈时见. 京族近现代教育的发展及其特点. 广西民族研究，1995（3）
11. 陈新良，吴立. 中国硬笔书法艺术家精品. 乌鲁木齐：新疆美术摄影出版社，1993：262
12. 陈增瑜. 京族喃字史歌集. 北京：民族出版社，2007
13. 范洪贵. 越南民族与民族问题. 南宁：广西民族出版社，1999
14. 防城县志编纂委员会. 防城县志. 南宁：广西民族出版社，1993
15. 符达升，过竹等. 京族风俗志. 北京：中央民族学院出版社，1993
16. 广西壮族自治区编辑组. 广西京族社会历史调查. 南宁：广西民族出版社，1987
17. 郭振铎，张笑梅. 越南通史. 北京：人民出版社，2001
18. 韩肇明. 京族. 北京：民族出版社，1992
19. 何思源. 中国京族. 银川：宁夏人民出版社，2012
20. 李甜芬. 走进京岛. 南宁：广西人民出版社，2004
21. 吕俊彪. 京族人的族群认同与国家认同. 北京：社会科学文献出版社，2014
22. 吕俊彪，苏维芳. 京族哈节. 北京：北京科学技术出版社，2012
23. 罗长山. 试论字喃的演变规律及其消亡的社会原因. 东南亚纵横，1990（3）
24. 罗长山. 越南传统文化与民间文学. 昆明：云南人民出版社，2004
25. 马居里，陈家柳. 京族——广西东兴市山心村. 昆明：云南大学出版社，2004
26. 密宋华. 京族独弦琴的演奏手法及其独特魅力. 艺术探索，2008（6）
27. 明峥. 越南史略（初稿）. 北京：三联书店，1958

28. 祁广谋. 越南喃字的发展演变及其文化阐释. 解放军外国语学院学报, 2003 (1)

29. 阮大荣等. 广西京族社会历史调查. 南宁：广西民族出版社, 1987

30. 宋唐. 京族独弦琴考察与研究. 歌海, 2007（3）

31. 苏润光. 京族民间故事选. 北京：中国民间文艺出版社, 1984

32. 苏维芳收集、整理、翻译. 京族史歌（未刊稿）, 2002

33. 苏维芳. 京族五位圣神及其神绩传说（未刊稿）, 2005-05

34. 苏维芳. 京族哈节唱词（未刊稿）, 2002-04

35. 苏维光, 过伟, 韦坚平. 京族文学史. 南宁：广西教育出版社, 1993

36. 苏维光等. 京族民歌选. 南宁：广西民族出版社, 1988

37. 孙进. 从民间传说探寻京族独弦琴产生的文化背景. 大众文艺, 2009（23）

38. 王文光. 中国南方民族史. 北京：民族出版社, 1999

39. 王耀华, 王州. 中国民族音乐. 北京：高等教育出版社, 2009

40. 寻墨是金的博客. 您的朋友——一个以书法挥写人生的京岛京族人. http://zyz.8380.blog.163.com/blog/static/3385699220077724517907/, 2015-03-25

41. 张灿. 一弦琴、独弦匏琴、独弦琴辨析. 艺术探索, 2009（6）

42. 张永东, 张登. 中国京族文化史略. 南宁：广西人民出版社, 2012

43. 赵志忠. 20世纪中国少数民族文学编年. 沈阳：辽宁民族出版社, 2006

44. 中国民间文学集成全国编辑委员会主编, 中国歌谣集成广西卷编辑委员会纂. 中国歌谣集成·广西卷. 北京：中国社会科学出版社, 1992

45. 中南民族事务委员会, 广西民族事务委员会联合调查组. 防城越族情况调查（内部资料）, 1954

46. 周建新, 吕俊彪等. 从边缘到前沿：广西京族地区社会经济文化变迁. 北京：民族出版社, 2007

47. 周建新. 中越中老民族及其族群关系研究. 北京：民族出版社, 2002

后记

2001年冬天一个和暖的午后,我在澫尾岛上那个看起来似乎有些简陋的京族歌圩里,第一次见到京族民间歌手裴永彬先生。裴先生脸色红润、衣着端庄、举止优雅,那副神采奕奕的样子根本看不出是一位年届七十的老人。老先生在歌圩上非常活跃,在得知我来自广西民族学院(现广西民族大学)之后,兴致勃勃地邀请我们(同行的还有我的师姐周梅清)一起喝茶、听他们唱歌。为了让我们"听得识"(听得懂),裴先生特意和他们的歌友们用粤语方言对唱京族民歌。歌的内容记得不是很清楚了,但裴先生的音容笑貌却时常浮现在我的脑海里。这位善良、豁达的老先生多年来的关心、鼓励和支持,是我从事京族社会文化现象研究的强大精神动力。

呈现在读者面前的这本小册子,或许可以看作是拙作《京族哈节》的姐妹篇。而在此之前或者之后出版的《从边缘到前沿:广西京族地区社会经济文化变迁》《京族人的族群认同与国家认同》等著作以及笔者近年来发表的学术论文,对于本书中所描述的部分内容也有所涉及。广西民族大学范宏贵教授是较早从事京族研究的国内学者之一,笔者近年来的研究,也得到范先生的诸多指导。范先生时常和我说起当年他在京族地区从事民族研究时的一些经历,而每当谈及20世纪80年代初他和裴永彬先生与地方长老们一起收集民间文本、全面梳理仪式程序,为恢复举办山心岛(村)传统京族哈节所遇到的那些人和事,范先生都无比动容。当2014年夏天辽宁民族出版社通过广西少数民族语言文字工作委员会的黄如猛先生邀请我加入《走近中国少数民族丛书》的写作行列,撰写《京族》一书的时候,因为日常工作较为繁忙,我曾一度有所犹豫。但一想到前辈们的鼓励和嘱托,以及众多纯朴、热情的京族乡亲们的期待,我便感到无法置身其外。

在写作本书之初,我曾经想过是否可以采用更加文学化的写作风格,以减缓因为多年从事纯学术研究所产生的"审美疲劳"。然而,当我的思绪重又回到京族人生活的地方,重新面对那些纯朴、和善的乡民的时候,感到似乎所有的溢美之词对于京族人来说其实都是多余的。在京族地区从事田野工作期间,那些热情、善良的人,给予我莫大的、无私的帮助,对于他们的感激之情,难以言表。苏维芳、苏维生、苏明芳、罗周文、苏春发、罗周强、武超东、何玲、苏凯、罗海雄、罗海东、阮美霞……那一张张熟悉的脸孔,使我常常感觉到,京族三岛不仅有着优美的海岛风光,更有着许多细心呵护它的美丽心灵。

我的老师和同事们——广西民族大学民族学与社会学学院的周建新、王柏中、甘品元、李富强、吴国富、廖明君、郑一省、罗宗志、雷韵、郝国强、刘建民等,对于本书的写作,提出了许多有益的建议;广西民族大学教务处的同事卢扬奎、刘红全、张进清等,在本书写作期间,给予我莫大的支持;我的学生黄兰、吴俊杰、张碧芸、李娟、兰天术、黄庆林、梁彩娟、陈凤梅等,为本书的写作提供了田野调查资料;辽宁民族出版社的李欣老师,为本书的出版,付出了大量的心力。对于他们的帮助和支持,笔者在此深表谢意。本书的附图,绝大部分是笔者近年来在京族地区开展田野调查工作期间所拍摄的。此外,广西东兴市政府的苏凯、广西东兴市京族博物馆的陈凤梅也提供了部分照片,在这里再次对他们表示感谢。

作为一个人口较少的少数民族,京族社会经济的发展及其传统文化的传承和保护,虽然取得了许多足以令人称道的成效,但也仍然需要更多人的共同努力。为此,我期待更多的有识之士加入到京族研究中来。笔者愿同众人一起,为京族的繁荣和兴旺、为各民族的团结和共同发展,尽一份自己的力量。

吕俊彪

2014年12月

走近中国少数民族丛书
ZOUJINZHONGGUOSHAOSHUMINZU CONGSHU

蒙古族	土族
回族	达斡尔族
藏族	仫佬族
维吾尔族	羌族
苗族	布朗族
彝族	撒拉族
壮族	毛南族
布依族	仡佬族
朝鲜族	锡伯族
满族	阿昌族
侗族	普米族
瑶族	塔吉克族
白族	怒族
土家族	乌孜别克族
哈尼族	俄罗斯族
哈萨克族	鄂温克族
傣族	德昂族
黎族	保安族
傈僳族	裕固族
佤族	**京族**
畲族	塔塔尔族
台湾少数民族	独龙族
拉祜族	鄂伦春族
水族	赫哲族
东乡族	门巴族
纳西族	珞巴族
景颇族	基诺族
柯尔克孜族	

京 族
Jingzu

京族是我国人口较少的少数民族之一，现有人口2.82万（2010年），世代以捕鱼为生。至少在20世纪50年代以前，京族社会大致上处于半自然经济状态之中，经济发展缓慢，社会组织简单，宗教信仰"原始"，物质生活简朴。

ISBN 978-7-5497-0960-1

定价：38.00元

AIGC+文化传播系列教材

丛书主编·张洪生 王青亦

非遗+AI
从数字化保护到智能化应用

INTANGIBLE CULTURAL
HERITAGE+AI

杨红　主编

中国国际广播出版社

杨红

中国传媒大学非遗传播研究中心主任，文化产业管理学院艺术管理系教授、博士生导师。入选国家高层次人才，兼任中国少数民族文物保护协会数字化专业委员会副主任。研究领域：非物质文化遗产传播、展示与数字化保护利用。主持十余项国家社科基金、省部级课题，其中代表性的有：国家社科基金重点项目"人工智能背景下非物质文化遗产保护的机遇与风险研究"、国家社科基金后期资助项目"中国非遗保护的当代传播实践"等。出版《非物质文化遗产展示与传播前沿》《非物质文化遗产数字化研究》《非物质文化遗产：从传承到传播》等近十本专著和编著。发表《目的·方式·方向——中国非遗保护的当代传播实践》《非遗专题展览的叙事方式研究》《非物质文化遗产数字化传播的意义更新与趋势分析》等70余篇论文及报刊文章。